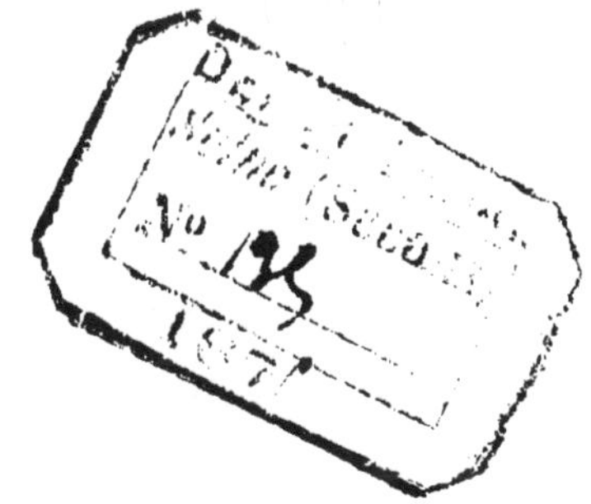

SIMPLES NOTIONS

SUR LES BALLONS

ET LA

NAVIGATION AÉRIENNE

OUVRAGES DU MÊME AUTEUR:

L'Eau. 3e édition. 1 vol. in-18 illustré. Hachette et Cie.

La Houille. 2e édition. 1 vol. in-18 illustré. Hachette et Cie.

La Photographie. 2e édition. 1 vol. in-18 illustré. Hachette et Cie.

Les Fossiles. 2e édition. 1 vol. in-18 illustré. Hachette et Cie.

Éléments de chimie. 4e édition. 1 vol. in-18, avec figures dans le texte. (En collaboration avec M. P.-P. Dehérain.) Hachette et Cie.

Voyages aériens. 1 vol. gr. in-8o, illustré de 117 gravures sur bois et de 6 planches en couleur. (En collaboration avec MM. Glaisher, Flammarion et Fonvielle.) Hachette et Cie. (Cet ouvrage a été traduit en anglais, en allemand, en russe et en suédois.)

En Ballon! pendant le siége de Paris. Souvenirs d'un aéronaute. 1 vol. in-18. E. Dentu.

Les Ballons dirigeables. Expériences de M. Henri Giffard en 1852 et en 1855, et de M. Dupuy de Lôme en 1872. Une brochure in-18. E. Dentu.

Naufrages aériens. Une livraison du *Tour du Monde.* (Hachette et Cie.) No 747. 1er mai 1875.

La Météorologie et les aérostats. Une brochure in-8o. Extrait du *Bulletin de l'Association française pour l'avancement des sciences.* Session de Lille.

L'Héliogravure. Son histoire et ses procédés. Conférence faite au Cercle de la Librairie. Une brochure in-8o.

L'Histoire de la gravure typographique. Conférence faite au Cercle de la Librairie. Une brochure in-8o. (Ces deux brochures sont en vente au Cercle de la Librairie, 1, rue Bonaparte.)

Sceaux. — Imp. et stér. M. et P.-E. Charaire.

SIMPLES NOTIONS

SUR

LES BALLONS

ET LA

NAVIGATION AÉRIENNE

PAR

GASTON TISSANDIER

AVEC UN FRONTISPICE

PAR

ALBERT TISSANDIER

Et 36 vignettes par G. MATHIEU

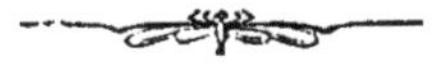

PARIS

A LA LIBRAIRIE ILLUSTRÉE

16, RUE DU CROISSANT, 16

(Ancien hôtel Colbert.)

PRÉFACE

En écrivant ce volume que j'ai voulu rendre accessible à toutes les bourses, je n'ai pas eu la prétention de retracer une histoire complète des ballons, ni de publier un traité d'aéronautique. Mon but a été de condenser ici des notions élémentaires et fondamentales sur les aérostats, et de réunir en quelques pages des documents que tout le monde aujourd'hui doit connaître.

L'aéronautique peut se diviser en cinq branches distinctes : 1° le ballon proprement dit : construction, ascension ; 2° l'aérostation météorologique : exploration et étude scientifique de l'atmosphère ; 3° les ballons militaires : aérostats captifs, reconnaissances militaires, poste aérienne ; 4° direction des aérostats et navigation aérienne ; 5° aviation ou vol mécanique, dont le principe a été désigné sous le nom de *Plus lourd que l'air*.

Le lecteur trouvera dans les pages qui suivent le résumé très-succinct des événements importants qui marquent l'histoire de l'aéronautique ainsi comprise; il se rendra compte de l'état présent de la navigation aérienne et de ce que l'on peut en attendre dans l'avenir, en se basant sur les faits, et en prenant pour guide les règles de la logique et du raisonnement scientifique.

GASTON TISSANDIER.

SIMPLES NOTIONS

SUR LES BALLONS

ET LA

NAVIGATION AÉRIENNE

CHAPITRE PREMIER

LES PRÉCURSEURS DES FRÈRES MONTGOLFIER

Il est probable que l'idée de s'élever dans l'air est très-ancienne. L'histoire légendaire d'Abaris qui fait le tour de la terre à cheval sur une flèche d'or, présent d'Apollon, celle de l'oracle du fameux temple d'Hiérapolis qui monte au ciel, les infortunes de Dédale et d'Icare, les récits d'ascensions merveilleuses des contes orientaux, et bien d'autres fictions plus ou moins ingénieuses, nous donnent le témoignage des efforts, sinon matériels, au moins imaginaires, que l'homme a toujours faits pour s'affranchir des lois de la pesanteur. Le principe de l'aéronautique est si simple que l'on pourrait être porté à croire que quelque esprit ingénieux l'a conçu dès l'antiquité : pour imaginer le ballon, il suffit en effet de se rendre compte de ce fait élémentaire qu'une grande sphère d'étoffe mince, remplie d'air chaud plus léger que l'air ordinaire, doit monter dans l'atmosphère, exactement comme un morceau de bois s'élève dans l'eau, parce qu'il a une densité moindre que ce liquide. Mais, d'autre part, ce qui nous permet vraisemblablement de supposer que l'expérience n'a jamais été faite dans les temps anciens, c'est que les physiciens d'alors n'avaient pas de notions exactes sur la nature de l'air, sur l'existence de gaz différents, sur leurs poids spécifiques ; c'est enfin que les récits qui nous sont restés d'ascensions dans l'atmosphère ne paraissent appartenir absolument qu'au domaine de la fable; ils ne sont accompagnés d'aucun renseignement propre à mettre en évidence l'existence d'un système rationnel, ils rapportent un fait d'une façon trop obscure et trop incomplète pour qu'il soit possible d'y ajouter foi.

Nous ne dirons rien, par conséquent, de ces histoires plus ou moins invraisemblables, que l'on pourrait réunir en grand nombre ; nous ne parlerons ni de la fameuse colombe mécanique du philosophe Archytas qui, d'après Aulu-Gelle, se soutenait et volait dans l'air, en l'an 360 avant notre ère, ni des anciens Capnobates de l'Asie-Mineure, que la légende nous montre marchant dans l'atmosphère, ni de Simon le Magicien qui au dire de la fable volait dans l'espace, au temps de saint Pierre. Mais nous signalerons, dans des temps plus modernes, l'idée du jésuite Pierre Lana, qui, dans un ouvrage publié en 1670, imagina de représenter grossièrement un esquif soutenu par quatre sphères métalliques, dans lesquelles on pomperait l'air pour les rendre plus légères que le volume de l'air déplacé, et pour déterminer leur ascension dans l'atmosphère ; nous mentionnerons un projet analogue du P. Gallien, en 1755, et nous nous arrêterons surtout sur un physicien portugais qui vivait au commencement du XVIIIe siècle, et qui aux yeux de quelques historiens étrangers passe encore pour être le véritable inventeur des ballons. Ce physicien, nommé Gusmâo, a quelquefois été confondu d'une façon regrettable avec le P. Barthélemy Laurenço de Gusmâo, auteur d'une machine aérienne complétement impraticable. Gusmâo, dont il est question ici, se serait élevé dans les airs en 1736, à Lisbonne, en présence du roi Jean V et d'une grande affluence de spectateurs.

L'auteur d'un opuscule publié il y a trente ans en Portugal reproduit des textes anciens, où il est dit que l'appareil de Gusmâo consistait en un vaste *panier d'osier recouvert de papier et au-dessous duquel un brasier était allumé.* Gusmâo se serait enlevé jusqu'au faîte du palais de Lisbonne, et là sa machine, en heurtant un toit, serait tombée précipitamment sur la terre. Cette description semble nettement indiquer en effet une ascension dans un ballon à air chaud. Mais dans la revendication qui a été faite de la découverte des ballons, en faveur de Gusmâo, les auteurs ne sont pas suffisamment explicites sur l'authenticité et sur l'origine des documents sur lesquels ils appuient leur affirmation. On se demande en outre comment une expérience aussi remarquable a pu avoir lieu sans laisser de traces nombreuses et susciter des récits multiples à une époque si voisine de la nôtre. Un autre argument vient combattre encore la véracité du fait. En 1751, un physicien portugais, François d'Almeida, publia un livre intitulé : *Récréations physiques*, dans lequel il consacre un chapitre à l'*Art de voler*. Or l'auteur, dans cette partie du livre, se contente de donner des récits anciens, dénués de toute vraisemblance au sujet de vagues tentatives d'ascensions, et il ne dit absolument rien de Gusmâo. Comment l'eût-il oublié, si celui-ci avait réellement exécuté une ascension seize ans auparavant ? A côté de ces objections, il faut reconnaître que le physicien Gusmão a laissé des traces très-sérieuses de son existence; on sait qu'il fut désigné par le peuple portugais sous le nom de Gusmão l'*ovoador* (le volant), et qu'il fut enfermé comme sorcier dans les cachots de l'Inquisition. La question, comme on le voit, est intéressante, digne d'être mieux étudiée; mais jusqu'à plus amples informations nous croyons prudent de rester à cet égard dans les limites d'une sage réserve.

Il n'en est pas de même en ce qui concerne le physicien anglais Tibère Cavallo qui, un an avant la découverte des frères Montgolfier, gonfla des bulles de savon avec du gaz hydrogène, et les vit s'élever jusqu'au plafond de son laboratoire. Avant de reproduire les curieux et incontestables documents que l'histoire nous a conservés à ce sujet, nous devons parler succinctement de la découverte du gaz hydrogène.

Au XVIIe siècle, un chimiste irlandais, Robert Boyle, fit une expérience remarquable : il mit du fer dans un flacon de verre contenant de l'eau et de l'acide sulfurique, alors appelé huile de vitriol, et il vit se dégager un air qui remplissait le vase quand celui-ci était retourné sur l'eau. Robert Boyle n'alla pas plus loin; il se borna à constater ce fait curieux, sans étudier les propriétés du gaz qu'il venait d'obtenir et qui n'était autre que l'hydrogène. Plus tard, vers la fin du XVIIe siècle, Nicolas Lemery publia en France un remarquable *Cours de chimie*, où il dit que l'air, obtenu par l'action du fer et de l'huile vitriolique sur l'eau, est inflammable. Enfin, en 1766, Cavendish étudia les propriétés de l'hydrogène; il reconnut que ce gaz est plus de sept fois plus léger que l'air ordinaire[1]. D'a-

1. *Transactions philosophiques*, LVIe volume, 1766. Cavendish restait en dessous de la vérité; l'hydrogène pur est quatorze fois et demi plus léger que l'air.

plein d'eau de savon; il la presse entre les mains, les bulles se dégagent. Gonflées de l'air inflammable,

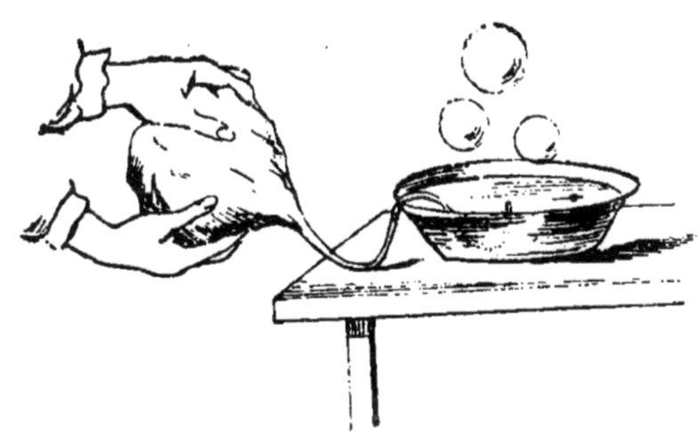

Bulles de savon gonflées d'hydrogène et s'élevant dans l'air. (Expérience faite en 1782.)

elles s'élèvent dans l'atmosphère. Le physicien anglais continue en ces termes :

« Dans les différentes tentatives que je fis pour la réussite de l'expérience dont j'ai déjà parlé, j'employai le papier, qui semblait propre pour la construction d'une enveloppe, qui, remplie d'air inflammable, serait plus légère que l'air commun. D'après cela, je me procurai de très-beau papier de la Chine, je m'assurai de son poids; le calcul nécessaire étant fait, je donnai à cette enveloppe une forme cylindrique, terminée par deux cônes très-courts, et la fis de telle dimension que, venant à être remplie d'air inflammable, elle fût plus légère qu'un pareil volume d'air commun, d'au moins vingt-cinq grains; en conséquence, elle devait s'élever comme la fumée dans l'atmosphère.

« Après avoir essayé cette machine de papier en la remplissant d'air commun, je mis dans une grande bouteille de l'acide vitriolique affaibli, et de la limaille de fer pour retirer de l'air inflammable qui, à l'instant de son dégagement, devait remplir cette enveloppe, qui avait communication avec la bouteille par un tube de verre, et était suspendue au-dessus de cette bouteille. On avait fait sortir l'air commun de la machine de papier, en la comprimant; mais je fus très-étonné de voir que, malgré le dégagement rapide de l'air inflammable, elle ne se remplissait nullement, et que, d'un autre côté, l'air inflammable répandait une très-forte odeur dans la chambre.... L'air inflammabie passait à travers les pores du papier, comme l'eau au travers d'un crible. »

On voit que jamais expérimentateur n'atteignit de plus près le grand but de l'aérostation. Tibère Cavallo est digne d'avoir son nom inscrit en première ligne parmi les précurseurs des Montgolfier, mais il se borna à exécuter une simple expérience de laboratoire; il ne songea pas à rendre les tissus imperméables pour conserver l'hydrogène, il s'arrêta au moment même où il touchait du doigt la solution du problème.

Il allait appartenir aux frères Montgolfier de lancer pour la première fois, à l'air libre, la sphère aérostatique.

CHAPITRE II

LES BALLONS A AIR CHAUD ET LES BALLONS A HYDROGÈNE

Il paraît à peu près certain que c'est vers le milieu de l'année 1782 que les frères Étienne et Joseph Montgolfier, industriels à Annonay en Vivarais, songèrent pour la première fois à exécuter des expériences sur une machine aérostatique. L'ascension naturelle de la fumée, celle des brouillards et des nuages, leur fournirent l'idée de l'aéronautique. Ils imaginèrent d'emprisonner de la fumée dans un grand sac sphérique en papier, et ils supposèrent que cette fumée s'élèverait avec le récipient léger qui la contiendrait.

Étienne de Montgolfier, l'aîné, eut l'honneur d'exécuter la première expérience aérostatique à Avignon, vers le milieu de novembre 1782. La machine était de soie fine, ayant la forme d'un parallélipipède, dont la capacité était égale à 40 pieds cubes. L'on brûla du papier à l'ouverture, pour raréfier l'air, ou, d'après l'idée des inventeurs, pour former le nuage en question; et quand la raréfaction fut à un certain point, la machine monta rapidement jusqu'au plafond[1].

Les frères Montgolfier firent avec non moins de succès une nouvelle tentative à Annonay, et bientôt ils procédèrent à une expérience publique.

Le jeudi 5 juin 1783, les États du Vivarais étant assemblés à Annonay, MM. de Montgolfier les invitèrent à voir leur nouvelle expérience aérostatique; une grande enveloppe de toile, recouverte de papier et d'une forme presque sphérique, était entr'ouverte à sa partie inférieure, attachée à un châssis de bois d'environ 16 pieds carrés, sur lequel elle était abandonnée à elle-même, comme un sac de toile vide. Quand cette machine fut enflée, elle avait 110 pieds de circonférence. Sa capacité était d'environ 22 000 pieds cubes. Les frères Montgolfier commencèrent à remplir la machine; ils le firent en brûlant sous son orifice de la paille et de la laine hachée. On annonça aux spectateurs que cette enveloppe prendrait une forme sphérique, et qu'elle monterait d'elle-même aussi haut que les nuages. Quand l'aérostat s'éleva dans l'atmosphère, l'étonnement des spectateurs fut à son comble, et se manifesta bientôt en acclamations enthousiastes[2].

La nouvelle de cette expérience, parvenue à Paris, y produisit un effet immense. Chacun se demandait par quel procédé merveilleux un résultat si nouveau avait pu être obtenu, car à cette époque le fait d'une machine gravissant d'elle-même les hautes régions de l'air passait à juste titre pour profondément surprenant.

1. *Rapport fait à l'Académie des sciences*, 23 décembre 1783, signé par plusieurs membres. *Histoire et pratique de l'aérostation*, par M. Tibère Cavallo. Paris, 1786.

2. *Description des expériences de la machine aérostatique de MM. de Montgolfier*, par Faujas de Saint-Fond. Paris, 1784.

On apprit bientôt que les frères Montgolfier avaient été mandés de suite à Paris; on les attendait, ils allaient venir, mais l'impatience générale était telle que les jours paraissaient des mois et les minutes des heures. Une machine aérienne s'était envolée à Annonay, il fallait qu'une machine semblable s'envolât de même à Paris.

Un professeur du Jardin des Plantes, Faujas de Saint-Fond, commença par recueillir de l'argent pour tenter quelques expériences. Il prit, comme on le voit, le problème par le bon côté, car si l'argent est le nerf de la guerre, il est aussi celui de l'invention. Vite, une souscription est ouverte pour couvrir les premiers frais de l'entreprise; dix mille francs sont immédiatement recueillis. On sait que les frères Montgolfier ont d'abord construit un globe en papier, une sphère souple et légère; on court chez deux habiles constructeurs d'instruments de physique, les frères Robert, et on leur dit : « Fabriquez-nous de suite un globe, en papier, en soie, en n'importe quelle substance, pourvu qu'il soit léger, et qu'il puisse se remplir d'un gaz *moitié moins pesant que l'air.* » Le rapport succinct et incomplet de l'expérience d'Annonay contenait cette phrase telle que nous la soulignons.

Les frères Robert, malgré leur habileté, se trouvèrent aux prises avec les plus sérieux obstacles. Comment en effet confectionner le globe aérien? Avec quelle substance le fabriquer? Quelle doit être sa capacité? Et surtout, une fois qu'il sera construit, avec quoi le gonfler? Sur ces entrefaites, on vit apparaître un jeune professeur de physique qui devait vaincre les difficultés : c'était le professeur Charles.

Il était connu à Paris comme professeur et comme vulgarisateur de la science; on accourait en foule aux ntéressantes conférences qu'il donnait dans une des salles du Louvre, et que les expériences si populaires de Franklin sur l'électricité mettaient à l'ordre du jour. Charles avait le don de se faire comprendre, de frapper les yeux par des expériences grandioses; il ne craignait pas d'embellir ses leçons par une certaine mise en scène, presque théâtrale; il avait le don de captiver l'attention du public. On le voyait monter en chaire, vêtu d'une grande robe à la Franklin; on écoutait avec religion ses paroles claires, attrayantes, on applaudissait à ses discours. Ses expériences, nouvelles pour son époque, offraient un intérêt de premier ordre. S'il exposait à ses auditeurs les phénomènes de la chaleur rayonnante, il ne manquait pas d'enflammer des matières combustibles à de grandes distances, par la combinaison de miroirs paraboliques. S'il parlait de l'électricité, il avait soin de mettre en évidence la puissance de cet agent naturel, en foudroyant des animaux au moyen de l'étincelle qu'il faisait jaillir d'une puissante machine. Il amplifiait des objets imperceptibles à l'œil nu, au moyen de microscopes; il savait en un mot parler aux yeux tout aussi bien qu'à l'intelligence. Charles était populaire; l'ascension aérostatique qu'il allait préparer et entreprendre allait immortaliser son nom.

A la nouvelle de l'expérience des frères Montgolfier, Charles, comme nous l'avons indiqué, va trouver les frères Robert, et leur donne le plan du premier ballon à gaz. Il se rappela que le gaz hydrogène est beaucoup plus léger que l'air; il résolut aussitôt de l'employer pour le gonflement du premier aérostat que l'on confectionna en soie enduite d'un vernis imperméable. Le 23 août 1783, la machine étant fabriquée, sa forme offrit celle d'un globe de douze pieds de diamètre. Toute la journée du 24 fut employée à produire du gaz hydrogène pour gonfler la sphère aérienne, et le surlendemain on se mit en mesure de transporter pendant la nuit, au Champ-de-Mars, le premier aérostat à gaz, en l'attachant à un brancard.

« Rien de plus singulier, dit Faujas de Saint-Fond, que de voir ce ballon ainsi porté, précédé de torches allumées, entouré d'un cortége et escorté par un détachement du guet, à pied et à cheval. Cette marche nocturne, la forme et la capacité du corps qu'on portait avec tant de pompe et de précaution, le silence qui régnait, l'heure indue, tout tendait à répandre sur cette opération une singularité et un mystère véritablement faits pour en imposer à tous ceux qui n'auraient pas été prévenus. Aussi les cochers de fiacre qui se trouvèrent sur sa route en furent si frappés, que le premier mouvement fut d'arrêter leurs voitures, et de se prosterner humblement, chapeau bas, pendant tout le temps qu'on défilait devant eux. »

Le 27 août, le Champ-de-Mars est garni de troupes, et la foule immense ne tarde pas à en couvrir la surface tout entière. A cinq heures, un coup de canon annonce que l'expérience va commencer; il avertit en même temps les savants placés sur la terrasse du Garde-Meuble de la Couronne, sur une des tours de Notre-Dame et à l'École militaire, et qui doivent appliquer des instruments à la mesure de la hauteur atteinte par le globe aérien.

Le ballon, débarrassé des liens qui le retiennent, s'élève bientôt, à la grande surprise des spectateurs; il monte avec une telle vitesse qu'il est porté en deux minutes à plus de 500 mètres de hauteur. Là il rencontre un nuage obscur au sein duquel il se perd; un second coup de canon annonce sa disparition, mais on le voit percer la nue, reparaître à une plus grande élévation, et s'enfoncer au milieu d'autres nuages. La pluie qui survint au moment où le globe s'élevait ne l'empêcha pas de monter dans l'atmosphère.

L'idée qu'un corps voyageait dans l'espace semblait avoir alors quelque chose de si étrange, elle paraissait s'écarter à un tel point des lois de la physique, que tous les spectateurs de Paris, comme ceux d'Annonay, ne purent se défendre d'une impression qui tenait du vertige. Les hommes pleuraient d'émotion, et les dames élégamment vêtues, les yeux fixés sur le globe, recevaient la pluie sans en avoir conscience.

Cependant le plus jeune des deux Montgolfier venait d'arriver à Paris, où il avait été invité par l'Académie des sciences à répéter son expérience d'Annonay avec un ballon à feu gonflé par l'air chaud. Le 19 septembre 1783, une vaste sphère de 14 mètres environ de diamètre, construite en toile grossière et recouverte d'un fort papier, se gonflait à Versailles en présence du roi et de toute la cour. On fait brûler au-dessous de l'orifice de la machine plusieurs bottes de paille, l'air chaud va s'y engouffrer et l'arrondir.

..... « On la voit presque aussitôt s'élever, se gonfler et déployer avec rapidité les plis et les replis dont elle est composée; elle se développe en entier. Sa forme plaît à l'œil, sa capacité imposante étonne... Les cordes sont coupées et la machine s'élève pompeusement dans l'air, entraînant avec elle l'attirail dans lequel étaient renfermés un mouton et des volatiles [1]. La machine s'éleva d'abord

1. Pilâtre de Rozier assistait à cette expérience, et il protesta énergiquement contre la présence de trois animaux dans la nacelle. Il s'offrit pour les remplacer; mais la crainte d'un sinistre fit qu'on s'y opposa. On se moqua beaucoup du voyage du coq, du mouton et du canard, et les railleries se traduisirent par des caricatures et des écrits humoristiques. Nous avons entre les mains un opuscule fort curieux, daté de l'époque de cette expérience, et qui est intitulé : *Le Mouton, le Canard et le Coq*, fable dialoguée, par M. C***. (Une brochure in-12, de 32 pages, Bruxelles et Paris, 1783.) Nous croyons devoir en dire quelques mots à titre de curiosité peu connue. L'auteur fait raconter leurs impressions de voyage aux trois animaux dans

à une grande hauteur, en décrivant une ligne inclinée à l'horizon que le vent du sud la força de prendre; elle parut rester ensuite quelques secondes en station et produisit alors le plus bel effet. Enfin, elle descendit lente-

une forme quelquefois naïve et originale. On en jugera par les passages suivants :

« LE CANARD. — Moi, je vous avoue que si j'étais à barboter dans quelque pièce d'eau, peut-être ne voudrais-je pas en sortir pour monter aux astres. Mais enfin, nous sommes ici; mon avis est d'y rester. Les canards ne haïssent pas les longues courses. Voyons ce que nous deviendrons.

« LE COQ. — Eh bien! croyez-vous que je n'aie rien à regretter?

« LE MOUTON. — Vous?

« LE COQ. — Moi-même. Je laisse sur la terre certains objets qui m'étaient fort chers, et à qui, sans vanité, je ne l'étais guère moins, un sérail bien fourni des plus gentilles poulettes. Je sçai qu'on en trouve assez partout, et si le sort me conduisait, par exemple, sur les côtes d'Afrique, il est là des poules de Numidie qui sont bien, dit-on, la plus charmante chose du monde... »

Plus loin, l'auteur aborde des sujets plus sérieux, et il fait dire au coq d'excellentes vérités.

« LE COQ. — On reprochait aux habitants de cette contrée de n'avoir rien inventé. Eh bien! la plus magnifique des inventions sera due à un Français. Je m'enorgueillis de cet honneur, moi, né parmi eux; moi, qui réveille les sçavans; moi, l'oiseau de la France; et je vais entonner mon chant éclatant, pour annoncer sa gloire à tout l'univers.

« LE CANARD. — Voilà qui est fort bien. Vous parlez, vous chantez à merveille, et si ma voix était digne de se joindre à la vôtre, je crois que je chanterais aussi. Mais il me vient une idée assez fâcheuse.

« LE COQ. — Quelle est-elle?

« LE CANARD. — On connaît l'ambitieuse audace du genre humain. Les airs ont été jusqu'ici l'élément, le vrai domaine de nous autres oiseaux. Si ces nouveaux navigateurs allaient nous déposséder de notre empire?

« LE COQ. — Je ne pense pas que nous ayons à le craindre... Grâces à la philosophie, aux sentiments d'humanité dont ils se piquent aujourd'hui, ce ne sera pas l'esprit d'ambition qui les poussera dans les cieux; ce sera la plus noble curiosité. Ils n'iront y conquérir que des vérités utiles, non des terres nouvelles, ou des isles inconnues. Ils iront épier les secrets de la Nature, la prendre sur le fait, au milieu des nuages, dans ce laboratoire immense de l'atmosphère. »

ment dans le bois de Vaucresson, à 1 700 mètres du point d'où elle avait été enlevée [1]. »

A partir de ce jour, il n'était plus possible de douter des effets de l'aérostat des frères Montgolfier; aussi résolut-on de se servir du nouvel appareil pour emporter des observateurs au sein de l'atmosphère.

Un nouveau ballon à air chaud fut immédiatement construit : il n'avait pas moins de 15 mètres de diamètre, et 23 mètres de hauteur. On le gonfla pour la première fois rue de Montreuil au faubourg Saint-Antoine, chez M. Réveillon, et l'intrépide Pilâtre de Rozier y exécuta, le 15 octobre 1783, une première ascension captive. Le 19 octobre, le ballon retenu par des câbles monta à 200 pieds, avec Pilâtre de Rozier, et le même jour il éleva successivement dans les airs le même physicien accompagné de M. Giroud de Villette et de M. le marquis d'Arlandes.

Cette expérience mémorable laissa entrevoir l'espérance de pouvoir tenter un premier voyage aérien en abandonnant absolument la machine. « M. d'Arlandes et M. de Rozier, dit Faujas de Saint-Fond, désirèrent cet instant avec une ardeur qui caractérisait leur intrépidité. »

La machine aérostatique qui avait servi aux expériences d'ascensions captives fut transportée au château de la Muette, dans les jardins duquel l'ascension eut lieu le 21 novembre.

Le gonflement fut commencé à 11 heures du matin.

« Une heure et demie après, la machine gonflée fut promptement lestée avec les approvisionnements de paille nécessaire pour entretenir le feu pendant la route, et M. le marquis d'Arlandes d'un côté, M. de Rozier de

1. Faujas de Saint-Fond, *Description des expériences aérostatiques*, 2e édition, p. 40 et suiv.

l'autre, prirent leur poste avec un empressement sans égal. L'aérostate[1] quitta la terre sans obstacle et dépassa les arbres sans danger; elle s'éleva d'abord d'une manière assez tranquille pour qu'on pût la considérer à l'aise; mais à mesure qu'elle s'éloignait, l'on vit les voyageurs baisser leurs chapeaux et saluer les spectateurs, qui étaient tous dans le silence et l'admiration, mais qui éprouvaient un sentiment d'intérêt mêlé de crainte[2]. »

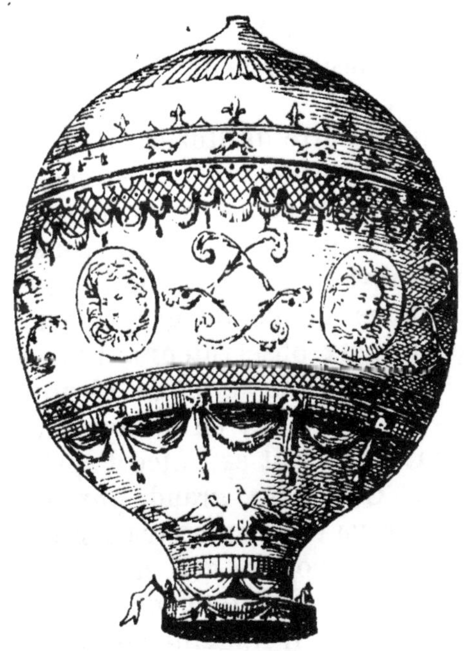

Le premier voyage aérien de Pilâtre de Rozier et le marquis d'Arlandes. (22 novembre 1783.)

Le globe aérien continua à s'élever pour longer l'île des Cygnes, et traverser la Seine à la barrière de

1. Lors de l'apparition des ballons, on appela les nouveaux appareils *aérostates* au féminin.

2. Faujas de Saint-Fond, *Première Suite de la description des expériences aérostatiques*, p. 16 et suiv.

la Conférence. Les rues de Paris regorgeaient de spectateurs, et les tours de Notre-Dame étaient couvertes d'observateurs et de curieux. Le ballon descendit lentement sur la Butte-aux-Cailles, le feu du foyer déjà ralenti s'éteignit et les deux voyageurs s'échappèrent de l'étoffe qui était retombée sur leurs têtes.

La foule accourut, et son enthousiasme fut tel, qu'elle mit en pièces la redingote que Pilâtre avait placée dans la nacelle pendant le voyage, et s'en partagea les morceaux.

Pendant que Pilâtre de Rozier et le marquis d'Arlandes prenaient possession de l'atmosphère au nom de la science, Charles et les frères Robert ne restaient pas inactifs ; ils préparaient une souscription publique pour subvenir aux frais de la confection d'un ballon de taffetas gonflé de gaz hydrogène et destiné à enlever deux observateurs. Les frères Robert publièrent un manifeste aérien le 19 novembre 1783, dans *le Journal de Paris*, en annonçant que la machine aérostatique serait exécutée d'après les théories de M. Charles. C'est à ce grand physicien que l'on doit, comme on va le voir, la création du ballon à gaz et des principes du voyage aérien.

Charles se sert d'une étoffe de soie enduite d'un vernis imperméable. Il imagine de munir le ballon à sa partie supérieure d'une soupape à deux clapets, que l'on pourra mettre en jeu à l'aide d'une corde, et au moyen de laquelle il sera possible de modérer la force ascensionnelle de l'aérostat, ou de le faire revenir à terre en perdant du gaz. Charles se dit avec raison que, si le ballon descend dans l'atmosphère, le voyageur aérien doit avoir la possibilité d'arrêter sa chute ; il a l'idée d'emporter dans sa nacelle du sable fin, du *lest* qu'il jettera au besoin par-dessus bord.

Il recouvre le ballon d'un filet, à la partie inférieure duquel il fixera la nacelle faite en osier, et munie d'une ancre destinée à s'accrocher aux obstacles terrestres à la descente. Il construit enfin un appareil ingénieux pour la préparation en grand de l'hydrogène ; l'eau, le fer et l'acide sulfurique réagissent dans plusieurs tonneaux circulairement rangés ; le gaz produit dans chacun d'eux arrive par des

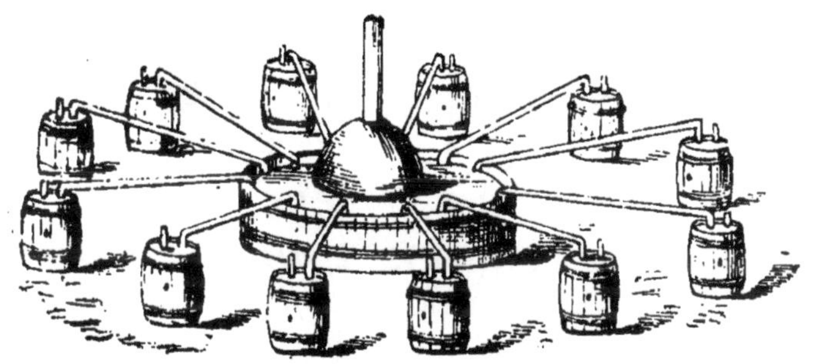

Appareil pour la préparation en grand de l'hydrogène, construit par Charles et Robert.

tuyaux de plomb dans une cuve centrale où il se lave, et se dégage par un orifice vertical aboutissant à l'appendice de l'aérostat. Charles songe encore à laisser pendant l'ascension l'appendice inférieur ouvert, afin d'éviter la rupture de l'enveloppe par la dilatation. « L'air inflammable, comme dit Charles lui-même avec esprit, ne pouvait pas briser sa prison, puisque la porte lui en était toujours ouverte. » L'ingénieux physicien complète son matériel par le baromètre, qui lui donnera à chaque instant l'altitude à laquelle il plane ; en un mot, nous le répétons, il crée de toutes pièces l'art aérostatique.

La mémorable ascension de Charles et de Robert s'exécuta dans le jardin des Tuileries, le 1er décembre

1783, en présence de tout Paris. Le ballon gonflé d'hydrogène avait 26 pieds de diamètre. Charles nous

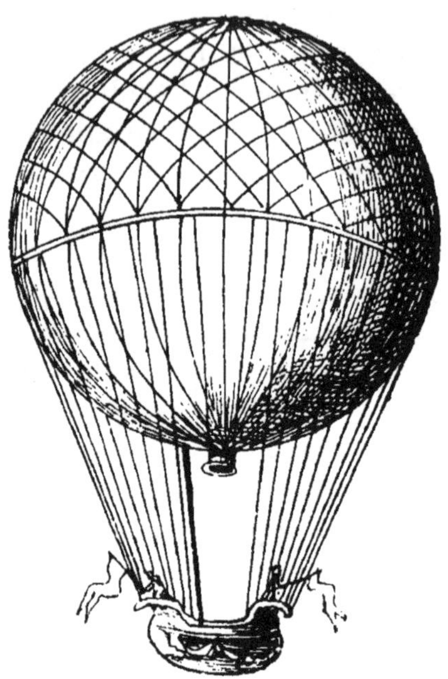

Ascension de Charles et Robert dans le premier ballon à gaz hydrogène. (1er décembre 1783.)

a laissé de cette expérience un récit remarquable dont nous reproduisons ici quelques passages :

..... « Il nous tardait de n'être plus sur terre. Le Globe et le char en équilibre touchaient encore au sol qui nous portait. Il était une heure trois quarts. Nous jetons 19 livres de lest, et nous nous élevons au milieu du silence concentré par l'émotion et la surprise de l'un et de l'autre parti. Jamais rien n'égalera ce moment d'hilarité qui s'empara de mon existence, lorsque je sentis que je fuyais la terre; ce n'était pas du plaisir, c'était du bonheur. Échappé au tourment affreux de la persécution et de la calomnie, je sentis que je répondais à tout en m'élevant au-dessus de tout. A ce sentiment moral succéda bientôt une sensation plus vive encore : l'admiration du majestueux spectacle qui s'offrait à nous. De quelque côté que nous abaissassions nos regards, tout était têtes ; au-dessus de nous, un ciel sans nuage ; dans le lointain, l'aspect le plus délicieux. Oh ! mon ami, disais-je à M. Robert, quel est notre bonheur ! J'ignore dans quelle disposition nous laissons la terre, mais comme le ciel est pour nous ! Quelle sérénité ! Quelle scène ravissante ! Que ne puis-je tenir ici le dernier de nos détracteurs et lui dire : Regarde, malheureux, tout ce qu'on perd à arrêter le progrès des sciences !

« ... Le baromètre descendit environ à 26 pouces ; nous avions cessé de monter, c'est à dire que nous étions élevés environ à trois cents toises... Arrivés à la hauteur de Mousseaux, que nous laissions un peu à gauche, nous restâmes un instant stationnaires. Notre char se retourna et enfin, nous filâmes au gré du vent. Bientôt nous passons la Seine entre Saint-Ouen et Asnières, et telle fut à peu près notre marche aérographique.... Il était trois heures et demie passées ; j'avais le dessein de faire un second voyage et de profiter de nos avantages ainsi que du jour. Je proposai à M. Robert de descendre. »

La descente a lieu, en effet, en présence de paysans nombreux et d'un groupe de cavaliers, parmi lesquels se trouvaient le duc de Chartres et le duc de Fitz-James. Robert sauta en dehors de la nacelle et Charles repartit seul ; il s'éleva rapidement à une hauteur assez considérable.

« Je passai en dix minutes, dit le voyageur, de la température du printemps à celle de l'hiver. Le froid était vif et sec, mais point insupportable. J'interrogeais alors paisiblement toutes mes sensations, *je m'écoutais vivre*, pour ainsi dire, et je puis assurer que, dans le premier moment, je n'éprouvai rien de désagréable, dans ce passage subit de dilatation et de température. Lorsque le baromètre cessa de monter, je notai très-exactement 18 pouces 10 lignes. Cette observation est de la plus grande rigidité. Le mercure ne souffrait aucune oscillation sensible. J'ai déduit de cette oscillation une hauteur de 1 524 toises environ...

« ... A mon départ de la prairie, le soleil était couché pour les habitants des vallons ; bientôt, il se leva pour moi seul, et vint encore une fois dorer de ses rayons le globe et le char. J'étais le seul corps éclairé dans l'horizon, et je voyais tout le reste de la nature plongé dans l'ombre. Bientôt le soleil disparut lui-même, et j'eus le plaisir de le voir se coucher deux fois dans le même jour... Je me rappelai la promesse que j'avais faite à Mgr le duc de Chartres de revenir à terre au bout d'une demi-heure. J'accélérai ma descente en tirant de temps en temps ma soupape supérieure. Bientôt le Globe, vide presque à moitié, ne me présentait plus qu'un hémisphère. J'aperçus une assez belle plage en friche auprès du bois de la Tour du Lay. Alors je précipitai ma descente. Arrivé à 20 à 30 toises de terre, je jetai subitement 2 ou 3 livres de lest qui me restaient et que j'avais gardées précieusement. Je restai un instant comme stationnaire, et vins descendre mollement sur la friche même que j'avais pour ainsi dire choisie [1]. »

Ici doit s'arrêter l'histoire de la naissance d'une impérissable découverte, que l'on peut résumer par trois grands noms français : Montgolfier, Pilâtre de Rozier, Charles. Les Montgolfier créent, par l'expérience, le principe des ballons ; Pilâtre de Rozier, par son ascension, en démontre l'usage pour voyager dans les airs ; Charles transforme l'invention nouvelle, et crée l'art aérostatique.

1. *L'Art de voyager dans les airs ou les ballons*, contenant les moyens de faire des globes aérostatiques, suivant la méthode de MM. de Montgolfier, et suivant les procédés de MM. Charles et Robert. 1 vol. in-8°. Paris, 1784.

CHAPITRE III

LES VOYAGES AÉRIENS

Les ascensions exécutées par Pilâtre de Rozier et le marquis d'Arlandes, par Charles et Robert, eurent un retentissement extraordinaire dans toute l'Europe : elles excitèrent l'admiration et l'étonnement du monde entier. On entrevoyait le moment où l'homme allait prendre possession de l'atmosphère, comme il l'avait fait de la mer, pour s'y diriger, et y accomplir des voyages lointains; on croyait à l'avénement prochain d'une ère nouvelle dans l'histoire de l'humanité. Paris était en fermentation comme à l'heure des grandes choses. On gonflait partout de petits ballons de baudruche que l'on lançait dans l'espace ; les journaux étaient remplis d'articles sur les aérostats, de projets ou de tentatives à exécuter. Au milieu de ce concert de louanges, on entendait bien, comme il arrive toujours, les huées des envieux ou des sots, et dans une brochure fort répandue, à cette époque, on condamnait les ballons comme le pire des fléaux.

« Quelle serrure, y disait-on, assurera nos propriétés? Quelle maréchaussée arrêtera les meurtres? Voilà nos villes, nos flottes, nos chefs brûlés, écrasés! etc. » Les caricatures abondaient. Mais rien ne pouvait arrêter l'enthousiasme populaire. On ne parlait que des ballons, on ne se préoccupait que des voyages aériens, la mode elle-même empruntait à l'art nouveau

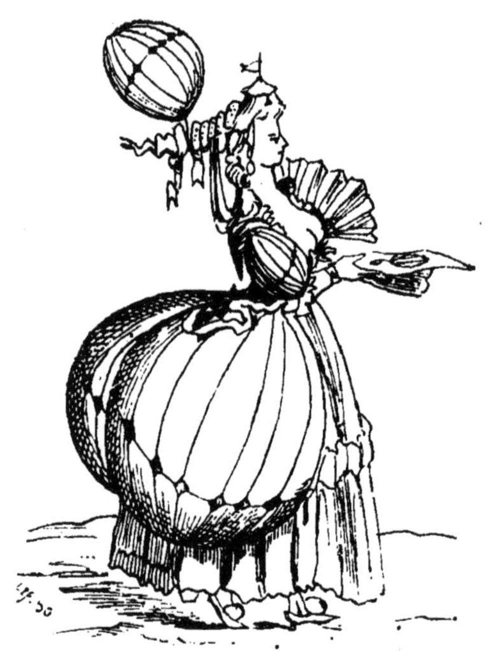

Une caricature du temps de l'apparition des ballons (1784).

des termes qu'elle s'appropriait. Les gravures de l'époque nous représentent notamment un chapeau de dame à *la Montgolfier*, et une élégante coiffure à *l'air inflammable*. On voyait, chez les marchands de faïence, des assiettes de Rouen, ou de Lille, où les ballons étaient représentés; des montgolfières étaient dessinées partout, sur les éventails, sur les boîtes de bonbons. Les portraits des inventeurs de l'art aérostatique, des frères Montgolfier, de Charles et de Pilâtre de Rozier, étaient magnifiquement gravés et tout le monde voulait avoir l'image de ces impérissables créateurs. C'était une frénésie universelle.

Aussi ne s'étonnera-t-on pas que les expériences aérostatiques se succèdent rapidement. Après l'ascension de Charles, du 1er décembre 1783, nous signalerons les plus importantes de celles qui se sont rapidement succédées.

Le troisième voyage aérien fut exécuté à Lyon le 19 janvier 1784, sous la direction de Montgolfier l'aîné, avec un aérostat à air chaud de 102 pieds de diamètre sur 126 pieds de hauteur, et nommé le *Flesselles*. Les voyageurs qui prirent part au voyage furent les suivants : Joseph de Montgolfier, Pilâtre de Rozier, le comte de Dampierre, le prince Charles de Ligne, le comte de Laporte d'Anglefort, M. Fontaine.

Le quatrième voyage aérien fut exécuté à Milan le 25 février 1784, par le chevalier don Paul Andreani, à l'aide d'une montgolfière.

Le cinquième voyage aérostatique fut entrepris à Paris le 2 mars par Blanchard qui construisit un ballon à gaz hydrogène semblable à celui de Charles, mais dont la nacelle était munie de rames et d'un gouvernail destinés à la direction. Jean-Pierre Blanchard avait résolu, longtemps avant la découverte des frères Montgolfier, de s'élever dans l'atmosphère au moyen d'appareils mécaniques, qui, nous devons le dire, dénotent une absence complète des plus élémentaires notions physiques ou mécaniques. Mais lorsque les ballons parurent, Blanchard se consacra avec passion et avec une rare intrépidité aux ascensions aériennes, et s'il échoua toujours dans toutes ses tentatives de direction, son nom doit être inscrit parmi ceux des grands aéronautes français.

Le 12 juin de la même année, Guyton de Morveau et de Virly s'élevèrent à Dijon avec l'aérostat l'*Académie de Dijon*, muni de rames et d'un gouvernail, destinés à la direction. Le 15 juillet, les frères Robert et le duc de Chartres firent un voyage aérien à Saint-Cloud, dans un ballon à gaz de forme allongée. Le 14 septembre, un Italien, Vincent Lunardi, exécuta à Londres, dans un ballon à gaz, la première ascension qui ait eu lieu en Angleterre. Le 19 novembre, Blanchard s'éleva à Gand, et son ballon atteignit une grande hauteur, où l'aéronaute eut à subir pour la première fois l'influence de la dépression atmosphérique et d'un froid rigoureux. Le 7 janvier 1785, le même aéronaute, accompagné d'un Anglais, le docteur Jeffries, part de la côte de Douvres, et traverse en ballon le Pas-de-Calais, accomplissant sa descente dans le bois de Guines, près de la ville de Calais.

Si Blanchard ouvrit ainsi la voie des voyages aériens au-dessus de la mer, le glorieux Pilâtre de Rozier allait, par sa mort, ouvrir la liste des martyrs de l'aéronautique.

Pilâtre de Rozier avait annoncé qu'il allait franchir la Manche, dans un appareil formé d'un ballon à gaz au-dessous duquel était placé un aérostat cylindrique que l'on pouvait gonfler d'un air chaud, pour augmenter à volonté la force ascensionnelle du système. L'éclatant succès du voyage de Blanchard excita Pilâtre de Rozier à s'élever de Boulogne dans son appareil dangereux, en mauvais état, en compagnie d'un jeune physicien nommé Romain. On ne sait pas au juste quelle fut la cause de l'épouvantable catastrophe qui eut lieu ; on ignore si le feu prit au ballon à gaz, ou si la soupape supérieure se brisa[1] ; quoi qu'il en soit, quand l'appareil se fut élevé à quelques cen-

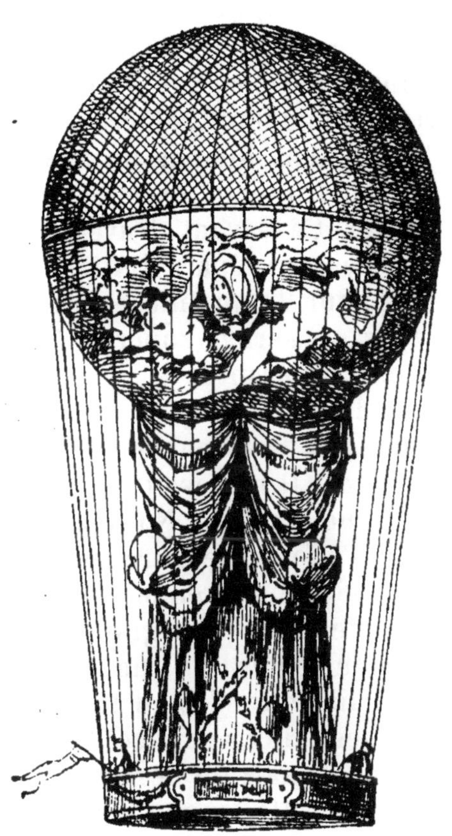

Ballon à gaz et montgolfière réunis. — Aérostat dans lequel Pilâtre de Rozier et Romain perdirent la vie (1784).

taines de mètres dans l'espace, on le vit tomber avec une rapidité effroyable, et venir échouer sur le rivage.

1. Plusieurs contemporains de Pilâtre de Rozier ont affirmé que le feu n'avait pas été la cause de la catastrophe. D'autre part, quelques gravures du temps représentent l'aérostat brûlant dans les airs. Il y a donc à cet égard contradiction absolue dans les documents.

— Pilâtre de Rozier avait cessé de vivre : Romain respirait encore, mais il ne tarda pas à rendre le dernier soupir !

L'année suivante, 1785, est marquée par une tentative de direction exécutée par Alban et Vallet dans un ballon à gaz dont la nacelle était munie d'hélices, par l'incendie fortuit d'une montgolfière que l'abbé Miolan et Janinet voulaient gonfler au Luxembourg, et par un voyage remarquable exécuté en Angleterre par le Dr Potain. Ce savant traversa en ballon le canal Saint-Georges qui sépare l'Angleterre de l'Irlande, et il mit pour la première fois en évidence l'existence de courants aériens superposés, se mouvant dans des directions différentes [1].

Blanchard pendant ce temps parcourait tous les pays de l'Europe, et offrait partout le spectacle des ascensions aériennes. Il ne devait pas tarder à porter son aérostat jusque dans le Nouveau-Monde. Son rival Testu-Brissy s'efforça de marcher sur ses traces; il exécutait en 1785 son premier voyage aérien à Paris, et allait obtenir le plus grand succès par les premières ascensions équestres que plus tard l'aéronaute Poitevin allait reprendre en 1850.

Jusqu'en 1794, les ballons se succèdent et les ascensions se multiplient; mais on ne trouve absolument rien à signaler dans cette longue suite d'expériences presque exclusivement exécutées dans le seul but de satisfaire la curiosité publique. Cet ordre de choses allait bientôt se modifier. Sous la première République, au moment où la France allait avoir à soutenir des guerres terribles et glorieuses, le gouvernement prit la résolution d'employer les ballons pour

1. *Relation aérostatique dédiée à la nation irlandaise*, par le Dr Potain. Une brochure grand in-8°. Paris, 1824.

les reconnaissances militaires, et une page mémorable va s'inscrire dans les annales de l'aérostation. Nous examinerons d'une façon spéciale les ballons militaires ; aussi laisserons-nous actuellement de côté ce chapitre rempli d'intérêt, pour continuer à passer en revue les principaux faits de l'histoire des ballons.

En 1797, nous voyons apparaître l'application du parachute aux voyages aériens, avec le nom célèbre de Jacques Garnerin. Garnerin et sa femme Elisa Garnerin, comme madame Blanchard et plus tard Poitevin et les Godard, exécutèrent un grand nombre d'ascensions où ils offraient au public le spectacle d'une descente en parachute, dont le principe est trop connu pour que nous croyions utile de nous y arrêter.

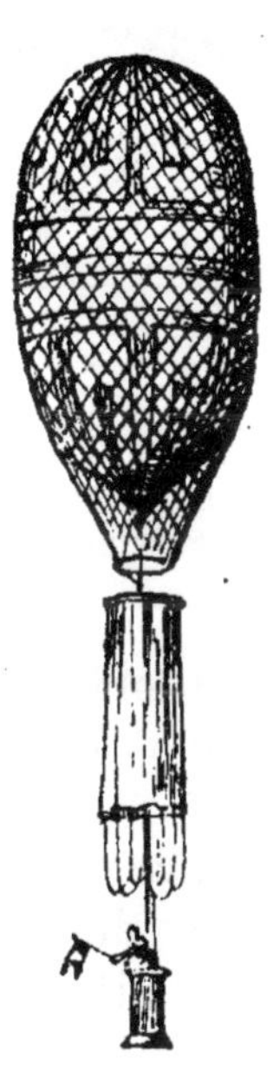
Le ballon de Garnerin muni d'un parachute formant nacelle.

Nous parlerons plus loin des ascensions scientifiques exécutées en 1803 par Robertson et en 1804 par Biot et Gay-Lussac ; aussi n'aurons-nous pas actuellement à signaler pendant une longue suite d'années de modifications importantes dans l'aéronautique.

Pendant cinquante ans, les ascensions se sont succédé pour fournir au public un spectacle curieux, mais sans but déterminé ; il serait injuste toutefois d'oublier les noms des aéronautes intrépides, et souvent d'une grande valeur intellectuelle, qui ont continué à cultiver l'art des Montgolfier. Nous citerons en première ligne l'illustre aéronaute anglais Green, qui a accompli plus de 1 400 voyages aériens, et qui en 1836 est parti de Londres pour traverser, du haut des airs, la Manche, la France toute entière, une partie de l'Allemagne, et venir descendre dans le duché de Nassau.

On doit ajouter que Green a remplacé dans les aérostats l'hydrogène pur par le gaz de l'éclairage, moins léger, mais beaucoup moins cher, et qu'il a imaginé le *guide-rope*, ou corde destinée à modérer le traînage de l'aérostat contre terre à la descente, et à préparer en quelque sorte l'action de l'ancre.

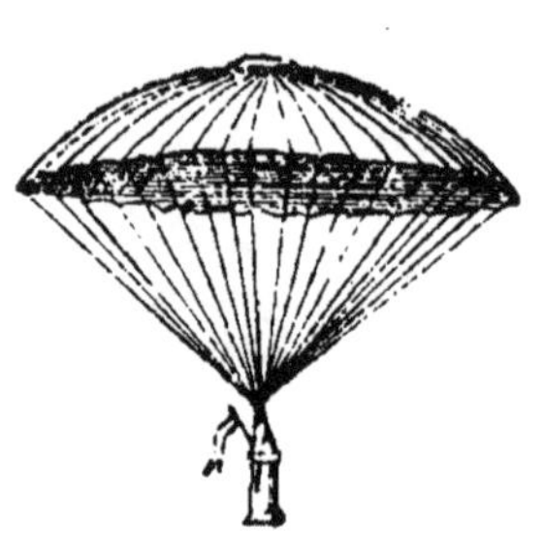

Le parachute de Garnerin détaché du ballon et planant dans l'atmosphère.

Nous aurons enfin à mentionner quelques histoires mémorables, quelques drames émouvants dont l'histoire de l'aérostation a toujours malheureusement donné de trop nombreux exemples, et que, si succinct que nous voulions être, nous ne saurions passer sous silence.

Un des plus célèbres naufrages aériens est celui dont l'illustre Zambeccari, noble italien, fut victime en 1804. Zambeccari avait eu la malencontreuse idée de vouloir unir, comme l'avait fait Pilâtre de Rozier, la montgolfière au ballon à gaz, c'est-à-dire, comme on l'a dit depuis, le feu à la poudre. Il tenta plusieurs fois de s'élever de Bologne : il échoua. Le public l'accabla de railleries; on le traita de fou et de lâche. Le 7 septembre, le malheureux Zambeccari voulut encore une fois tenter la fortune; cette fois, malgré des accidents survenus pendant le gonflement, il se vit contraint de partir à tout prix, au risque d'être lapidé par une foule passionnée.

« L'ignorance et le fanatisme, dit l'aéronaute italien

lui-même, non sans amertume, me forcèrent d'effectuer mon ascension. »

Après beaucoup de retards et d'angoisses, le voyageur aérien quitta terre à minuit. « Exténué de fatigue, dit Zambeccari dans ses écrits, n'ayant rien pris de la journée, le fiel sur les lèvres, le désespoir dans l'âme, je m'élevai, sans autre espoir que la persuasion où j'étais que mon globe, qui avait beaucoup souffert dans ses différents transports, ne pourrait me porter bien loin. »

Zambeccari était accompagné par deux fidèles amis, Andreoli et Grassetti. Plongés dans les ténèbres, accroupis dans la nacelle, ils eurent à souffrir les plus cruelles morsures du froid. A deux heures du matin, les voyageurs crurent entendre le mugissement de la mer. La nuit était si obscure qu'ils ne purent même pas observer le baromètre. Après une heure d'angoisses, ils se virent suspendus à quelques mètres seulement au-dessus des vagues de l'Adriatique.

Au lever du jour, Zambeccari aperçoit au loin un rivage qui s'ouvre à l'horizon. Mais les courants aériens tournent subitement et le rejettent vers la haute mer, c'est-à-dire vers l'agonie, vers le tombeau ! Voilà quelques navires qui apparaissent; mais le ballon peu connu est un objet d'effroi : les navires s'éloignent en toute hâte. Cependant le capitaine de l'un d'eux a pitié des naufragés. A huit heures du matin, les aéronautes sont hissés à bord du vaisseau : Grassetti donne à peine signe de vie, Zambeccari et Andreoli sont presque évanouis.

Quelques années plus tard, Zambeccari, cet homme dont un célèbre voyageur russe a pu dire : « Ses regards sont des pensées, » est victime de son courage. Le 21 septembre 1812, le ballon de l'illustre aéronaute, forcé en quelque sorte à précipiter son ascension, est incendié au milieu des airs, non loin de Bologne, par le contact de l'appareil de dilatation avec le feu dont il est muni. On trouve à terre une machine mise en cendres, un corps humain en lambeaux, à moitié carbonisé. Voilà tout ce qu'il restait de Zambeccari et de sa fortune !

Bien des aéronautes ont été, comme Zambeccari, victimes des sarcasmes d'une partie de la foule. L'aéronaute français Arban se trouva, en 1846, dans une situation plus terrible encore. Il avait annoncé une ascension à Trieste, le 8 septembre. A quatre heures de l'après-midi, non-seulement le ballon n'était pas gonflé, mais un accident survenu aux tuyaux de gaz rendait l'opération difficile et lente. Le public s'impatiente, murmure, profère des menaces. A six heures, ce sont des cris, des hurlements, qui s'élèvent comme des nuées menaçantes ; on casse les haies d'enceinte, ou insulte l'aéronaute.

Arban, indigné, veut partir coûte que coûte. Il attache sa nacelle au cercle, mais le ballon, mal gonflé, n'a pas une force ascensionnelle suffisante pour s'élever.

Cependant les huées s'accentuent; l'orage devient tempête. L'aéronaute exaspéré détache sa nacelle, se cramponne au cercle, et s'élève, sans guide-rope, sans ancre, à cheval sur une corde qu'il a fixée au filet.

Dans un tel équipage, Arban a le malheur d'être saisi par un courant aérien supérieur qui le jette sur l'Adriatique. On le suit longtemps à l'aide de lunettes; on lance des barques et des canots à sa poursuite. Tout est inutile. L'aérostat se perd bientôt dans les brumes de l'horizon. Cependant Arban, toujours accroché à sa corde, plane pendant deux heures au-dessus des flots de l'océan ; puis il tombe dans la mer. A huit heures du soir, il est presque complètement englouti, mais la sphère de gaz le soulève encore de vague en vague. A onze heures, ses forces le trahissent. Il va périr, quand tout à coup une barque apparaît; elle est montée par deux braves pêcheurs, François Salvagne et son fils. Les deux marins font force de rames, et recueillent à leur bord Arban, qui ressemble plus à un mort qu'à un vivant.

Quelques années après ce naufrage, Arban fait une ascension à Barcelone. Il se dirige vers la Méditerranée, et disparaît à tout jamais. On voit que les sinistres aériens sont généralement dus à la perte de l'aérostat au-dessus de la mer. Quelques ascensions maritimes ont attiré spécialement l'attention du public dans ces dernières années; nous en résumerons l'histoire pour offrir à nos lecteurs le tableau de quelques remarquables voyages aériens.

En 1868, à Calais même, Duruof fait un premier voyage au-dessus de la mer du Nord, dans son ballon le *Neptune*, où il avait bien voulu m'offrir une place. Deux courants aériens superposés nous permirent, comme nous le verrons plus tard, de nous aventurer à deux reprises différentes à plusieurs lieues en mer, pour revenir deux fois sur le rivage.

Le 26 septembre 1869, le *Neptune* s'élève de Monaco, avec Duruof et Bertaux; l'aérostat trouve au-dessus des nuages, comme à Calais, un courant supérieur qui le dirige au-dessus de la Méditerranée. Les nuages deviennent humides et surchargent le ballon d'un poids tel, que rien ne peut arrêter sa chute vertigineuse; il tombe au milieu de la Méditerranée, et est entraîné de vague en vague. Par bonheur, le vent inférieur souffle vers le rivage, où les deux voyageurs abordent comme l'auraient fait des marins dans une barque à voile.

Une autre fois encore, le 31 août 1874, Duruof,

accompagné de sa jeune femme, fait une nouvelle ascension à Calais, où il s'élève dans les airs, à sept heures du soir, malgré le vent qui souffle en droite ligne vers les profondeurs de la mer du Nord. Les deux aéronautes, excités par une certaine partie de la foule, étrangère à la ville de Calais nous devons le dire, croient que leur honneur est en jeu, et ils aiment mieux affronter les périls du voyage que les humiliations du public. Le petit aérostat le *Tricolore*, qui cube huit cents mètres, est tout frais verni ; il traverse la ville de Calais, la jetée, et se perd bientôt dans la brume, déjà sombre, de l'horizon. Après une longue nuit passée à une faible hauteur au-dessus du niveau de l'océan, Duruof, au lever du jour, aperçoit quelques navires. Il prend la résolution de ramener le *Tricolore* à la surface de l'océan. Alors commence un naufrage terrible. La nacelle est baignée au sein des flots. Madame Duruof, épuisée d'émotion, de fatigue, reste assise au sein de la nacelle, où des vagues immenses l'engloutissent parfois complétement.

Des flots se heurtent sur l'enveloppe du ballon, qu'ils menacent de mettre en pièces. Cependant Duruof ne perd pas courage ; il soutient sa compagne, il la console, et lui montre un navire qui s'approche, un canot qui est mis à la mer, et où des marins font force de rames Mais la malheureuse jeune femme n'entend plus rien, elle est presque évanouie, elle n'a plus conscience de ce qui se passe. Encore quelques minutes, et le dernier souffle qui l'anime va s'éteindre. Grâce au ciel, cette barque est conduite par deux robustes marins anglais, le capitaine Oxley et son second, Bascombe; ils approchent enfin du ballon le *Tricolore*, et ils en saisissent la corde d'ancre, qui est restée à la surface des flots. Ils se mettent en mesure de la tirer. Mais l'aérostat est soulevé par le vent, il entraîne la chaloupe et menace de la faire chavirer. Moment terrible! Les sauveteurs vont-ils périr avec les naufragés? L'énergie, l'audace, trouvent leur récompense. Duruof et sa femme sont sauvés et conduits à bord du navire anglais le *Grand-Charge*.

On voit par ces exemples que si des aéronautes se sont perdus en mer, il en est d'autres qui ont eu le bonheur d'échapper au péril et qui ont opéré leur descente à la surface de l'eau. Ces ascensions ne sont généralement au reste que des actes d'une témérité souvent stérile; elles pourraient apporter au contraire le plus utile concours à l'étude de l'atmosphère, à la météorologie, si elles étaient exécutées dans des conditions spéciales, si les ballons étaient munis d'appareils qui fussent de nature à permettre à l'aéronaute de séjourner en quelque sorte à la surface de l'océan pour attendre le secours de quelque navire, sans craindre d'être entraîné au loin par des vents impétueux.

L'infortuné Sivel, une des nobles victimes du *Zénith*, a réussi à exécuter plusieurs ascensions maritimes, en diminuant singulièrement les chances de naufrage, au moyen d'une corde traînante, munie à son extrémité inférieure d'un cône en toile, qui se remplit d'eau, forme un frein pour l'aérostat, le maintient captif au niveau de la mer, et lui donne la possibilité d'attendre en toute sécurité des embarcations de sauvetage. Si l'aéronaute désire continuer son voyage, à l'aide d'une cordelette fixée au fond du cône, il le retourne et le vide; aucun obstacle ne s'oppose plus alors à la marche du ballon.

Sivel est déjà descendu dans le golfe de Naples, où, grâce à son système, il n'a pas été emporté au large, et où des barques n'ont pas tardé à venir à son aide.

Le 19 août 1874, Sivel a pu de même s'élever de Copenhague, avec un vent de nord-ouest qui lui permettait de tenter une traversée du Sund pour atterrir en Suède. Mais vers le milieu du détroit, le vent passe au nord. Sivel a charge d'âmes : trois passagers ont voulu l'accompagner dans son voyage, aussi ne veut-il pas se risquer dans une aventureuse traversée. L'aéronaute ouvre la soupape de son ballon, il se rapproche de la mer, il lance à l'eau son guide-rope muni du *cône-ancre;* celui-ci se remplit d'eau;

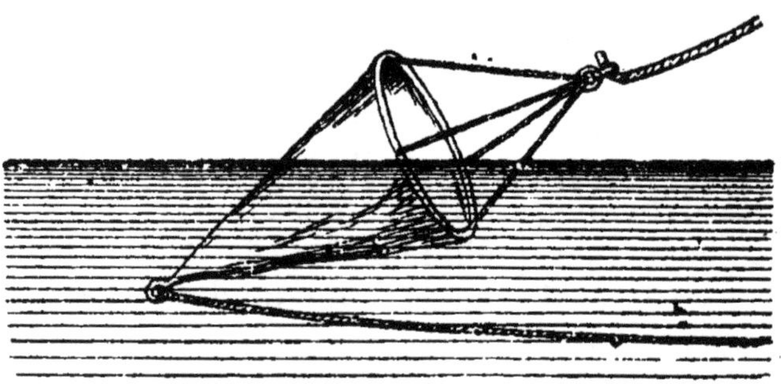

Le cône-ancre de Sivel pour les voyages aériens maritimes.

l'aérostat reste captif au-dessus des vagues. Les voyageurs séjournent ainsi près d'une heure mollement bercés par la brise, à une centaine de mètres du niveau de l'océan.

Bientôt deux bateaux-pilotes fendent les vagues, accompagnés de trois bateaux de pêche, les marins saisissent les cordes qui sont lancées de la nacelle; ils attirent à eux l'aérostat et le font descendre à bord. Le ballon est immédiatement dégonflé à l'aide de la corde de déchirure; les voyageurs reviennent à terre, et terminent ainsi leur ascension par une expédition maritime.

Ce mode de descente aérostatique en mer est, on

le voit, très-simple, très-efficace, très-pratique. De combien de perfectionnements les ballons ne seront-ils pas susceptibles, quand nos hommes de science, nos ingénieurs, se décideront à y porter leur attention d'une façon sérieuse !

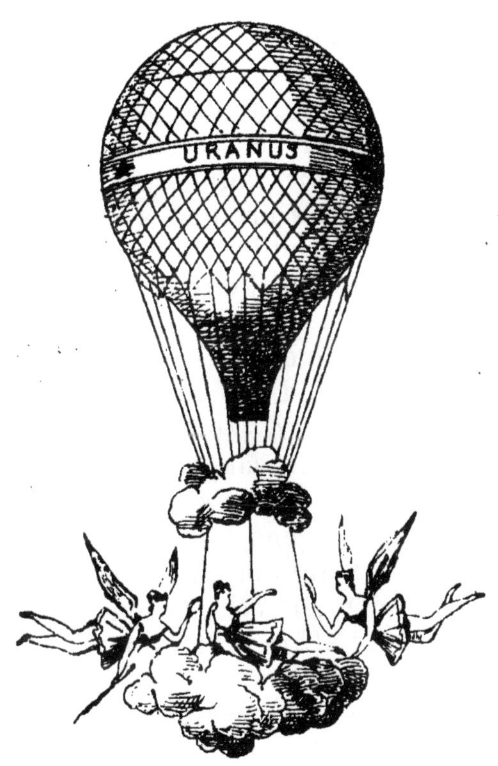

Les filles de l'air à l'ancien Hippodrome.

Nous ne prolongerons pas l'énumération des ascensions et des drames aérostatiques, dont le récit pourrait prendre des proportions trop considérables. Le Nouveau-Monde, l'Angleterre, l'Italie, la Russie, et surtout la France, qui a toujours gardé le premier rang dans l'aéronautique, ont été le théâtre d'une infinité de voyages aériens. Parmi ces innombrables ascensions, la plupart, nous le répétons, n'ont fourni que des divertissements publics tout à fait stériles, et celles qui ont été faites pendant de longues années à l'Hippodrome de Paris doivent être particulièrement citées à cet égard. On se rappelle encore *les filles de l'air*, habillées en déesses, qui s'élevaient en ballon, attachées à une nacelle dissimulée par un nuage de carton; on n'a pas oublié les ascensions gymnastiques où l'*intrépide Thévenin* faisait du trapèze au-dessous de la nacelle, etc. On a presque absolument renoncé à ces mises en scène inutiles et indignes de l'aéronautique. Nos aéronautes, aujourd'hui, exécutent encore de nombreuses ascensions publiques, mais ils popularisent ainsi un grand art, ils offrent l'exemple de l'énergie, du sang-froid, de l'intrépidité, et ils ont prouvé pendant la guerre que la patrie pouvait compter sur eux à l'heure du danger. Nous ne parlerons pas des centaines de voyages aériens que madame Poitevin, les frères Eugène, Louis et Jules Godard ont exécutés, ni de ceux qui ont été exécutés par les Duruof, les Camille d'Artois, etc.; ils sont connus de tous et ont bien souvent attiré l'attention publique. Nous mentionnerons d'une façon spéciale les campagnes du ballon le *Géant*, que Nadar avait exécutées dans le but de créer à l'aviation de puissantes ressources, et nous terminerons ce chapitre en donnant une idée de ce qu'est le ballon et de ce que sont les ascensions.

Nous sommes obligés de reconnaître que le ballon dont se servent les aéronautes actuels ne diffère guère des premiers aérostats. Tandis que toutes les applications de la science ont fait des progrès étonnants depuis quatre-vingts ans, le ballon est resté stationnaire. Nous analyserons les causes de ce *statu quo* en parlant des ballons dirigeables, et sans nous arrêter ici sur cette question, nous décrirons en quelques mots l'aérostat.

C'est une sphère généralement allongée à sa partie inférieure, et dont le volume varie, pour les ascensions ordinaires, de 600 à 3 000 mètres cubes. Les ballons du siége de Paris cubaient 2 000 mètres[1]. L'étoffe employée a longtemps été la soie; mais la soie est d'un prix considérable, on l'a remplacée par la percaline. Les notions les plus élémentaires de la géométrie permettent de tailler les *fuseaux*; lorsque l'étoffe est coupée, les fuseaux sont cousus soit à la main, soit à la machine à coudre. Quand le ballon est ainsi confectionné, on le rend imperméable en l'enduisant d'un vernis formé d'huile de lin réduite aux deux tiers de son volume par l'ébullition.

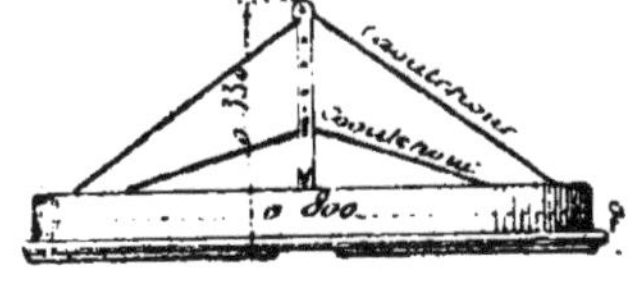

Soupape d'un aérostat fermée.

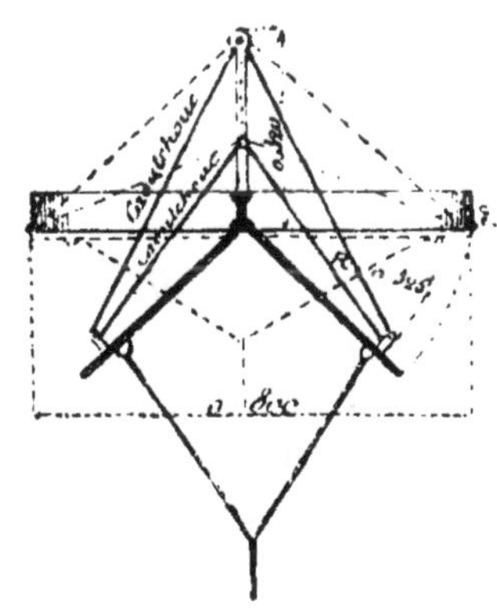

Soupape d'un aérostat ouverte.

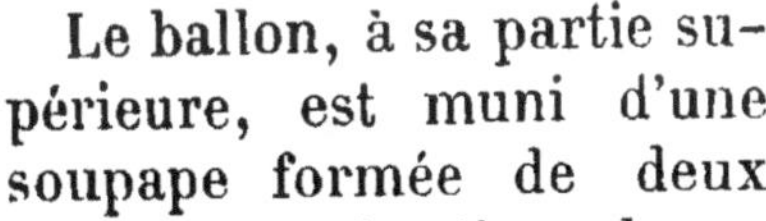

Le ballon, à sa partie supérieure, est muni d'une soupape formée de deux clapets que des tiges de caoutchouc tiennent fermés, et qui s'ouvrent quand on tire de la nacelle la corde

1. Quand on confectionnait les ballons avec de la soie, et qu'on les remplissait avec de l'hydrogène dont la force ascensionnelle considérable est de 1 100 grammes environ par mètre cube, on pouvait leur donner un volume bien moindre. Un petit ballon de 400 mètres cubes suffisait amplement pour un voyageur. Avec la percaline et le gaz de l'éclairage, un ballon de 800 mètres peut enlever deux voyageurs, un ballon de 1 200 trois ou quatre et ainsi de suite.

qui s'y trouve fixée et qui pend naturellement au milieu du ballon. A sa partie inférieure, le ballon est muni d'un orifice béant, l'*appendice*, destiné à permettre au gaz de s'échapper par la dilatation.

La sphère d'étoffe, gonflée de gaz de l'éclairage, est maintenue par un filet qu'une couronne maintient au cadre de la soupape. Le filet, à sa partie inférieure, se termine par trente-deux cordelettes, qui se réunissent à un cercle de bois au moyen de boucles s'adap-

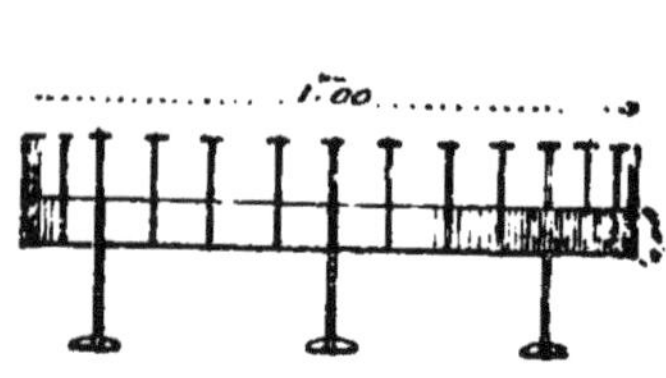

Cercle d'un aérostat.

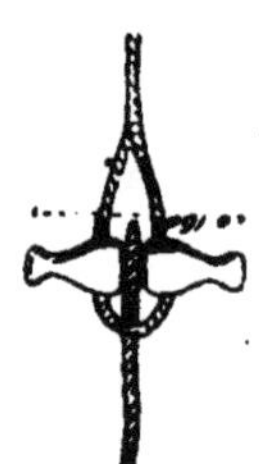

Gabillot.

tant à des *gabillots*. La nacelle s'attache à ce même cercle par l'intermédiaire de cordes tressées dans l'osier dont elle est formée.

C'est au cercle que sont encore fixées les cordes d'ancre et le guide-rope destinés à l'atterrissage. Le

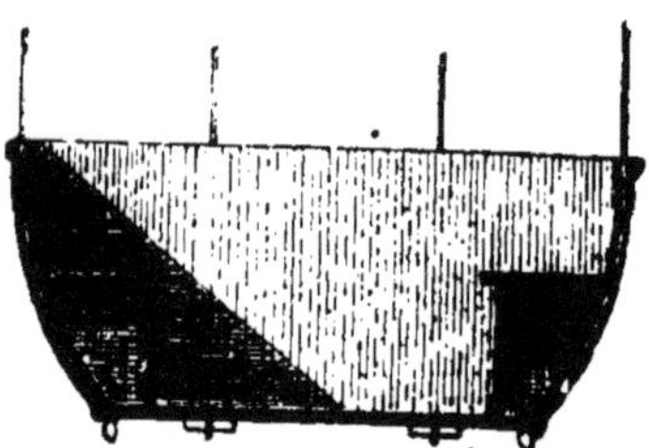

Nacelle d'un aérostat (coupe).

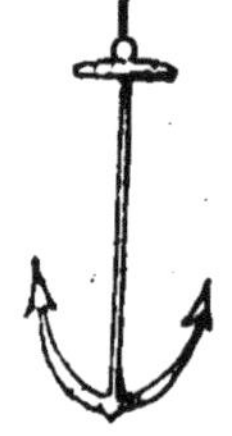

Ancre.

guide-rope consiste généralement en une simple corde de 150 à 200 mètres, que l'on laisse traîner contre terre, quand la nacelle a touché le sol. Il est quelquefois formé d'une sangle plate hérissée de

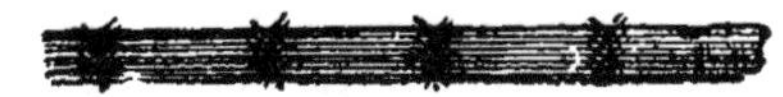

Un fragment de guide-rope ou corde d'arrêt.

crins, qui sous le même poids produit un frottement plus énergique, et forme un véritable frein.

Quand l'aérostat a quitté terre, il s'élève plus ou moins haut suivant la force ascensionnelle qu'il possède au départ. Un ballon de 2 000 mètres cubes a une force ascensionnelle de 1 400 kilogrammes, en admettant que le mètre cube de gaz de l'éclairage puisse enlever 700 grammes, ce qui est à peu près la vérité. Il faut déduire de cette force ascensionnelle le poids du ballon et de tout le matériel, qui est environ de 500 kilogrammes. S'il y a dans la nacelle six voyageurs pesant 70 kilogrammes chacun, soit 420 kilogrammes, le ballon sera équilibré à terre avec 480 kilogrammes de sable formant lest, ou 48 sacs de lest à 20 kilogrammes chacun. L'équilibrage du ballon s'opère par tâtonnement ; pour déterminer l'ascension, il suffit de jeter quelques kilogrammes de lest.

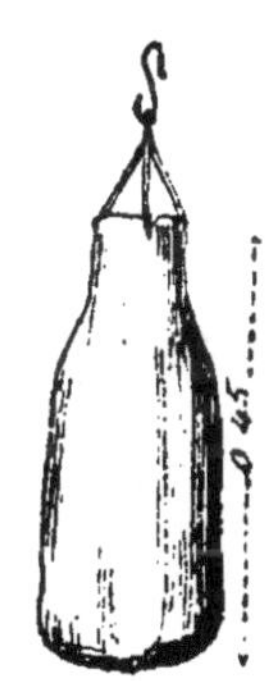

Un sac de lest.

Si le ballon n'est pas tout à fait imperméable, s'il se charge d'humidité, il tendra bientôt à redescendre ; pour le maintenir dans l'air ou pour le faire monter, l'aéronaute jette du lest. S'il veut descendre, au contraire, il ouvre la soupape, et laisse échapper une certaine quantité de gaz.

Une fois dans l'atmosphère, l'aérostat se déplace

avec le courant aérien dont il fait partie; aussi n'y a-t-il pas de vent en ballon, quand on se meut horizontalement. Le sentiment du calme, de l'immobilité absolue est ce qui frappe le plus le voyageur. L'aspect de la terre, légèrement creusée *en cuvette* au dessous de la nacelle, offre encore un aspect nouveau et curieux. Cet effet s'explique très-aisément par les lois de la perspective. Le voyageur en ballon voit se

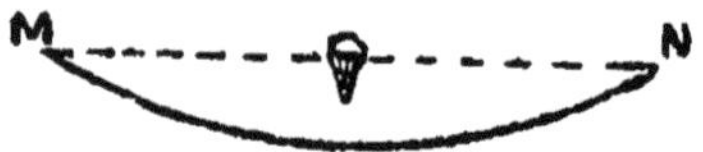

La terre vue d'un aérostat.

redresser l'horizon tout autour de lui, par la même raison qu'un observateur placé en haut d'un peuplier d'une longue avenue verrait sur l'horizontale AB le sommet de tous les arbres, et apercevrait la ligne de terre, comme si elle allait en montant. Si l'observa-

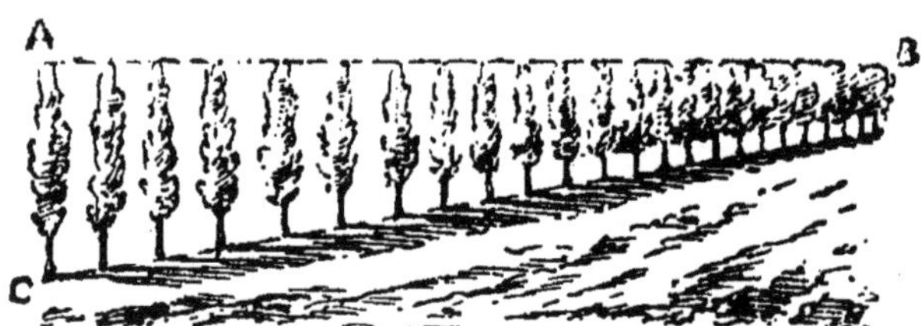

Figure pour l'explication de la perspective aérienne.

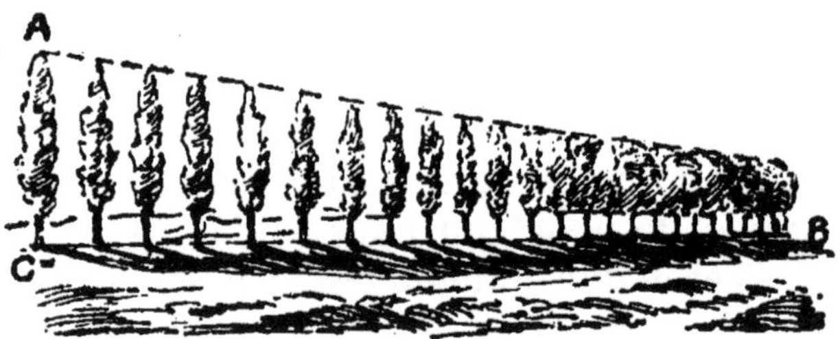

Seconde figure sur le même sujet.

teur était resté au pied de l'arbre, en C, c'est au contraire la ligne passant par le sommet des arbres qui lui semblerait descendre vers l'horizon, comme le fait voir notre seconde figure. L'effet de perspective dans l'aérostat est singulièrement augmenté, et il est plus saisissant encore, parce que nul objet ne vous rattache au sol et qu'on a le vide au-dessous de soi.

Il arrive très-fréquemment, dans le cours d'une ascension, que l'on perde complétement la terre de vue, quand on plane au-dessus des nuages; d'autres fois, on ne l'aperçoit que d'intervalles en intervalles.

Le retour à terre, la descente, s'opère très-facilement et sans aucun danger, quand le vent est faible; s'il souffle au contraire avec force, la nacelle est souvent heurtée violemment contre des obstacles, ou traînée contre le sol pendant quelques minutes. Mais avec le sang-froid, l'habitude du voyage aérien, on ne court réellement que de faibles risques dans les ascensions ordinaires, exécutées avec un bon matériel et conduites par une main habile et expérimentée.

Les documents les plus précis semblent indiquer que depuis 1783 plus de vingt mille personnes ont voyagé en ballon. On ne compte guère plus de vingt victimes, soit une par mille. Le nombre des sinistres est incomparablement plus élevé, à proportions égales, que dans les voyages en chemin de fer ou même en bateau à vapeur, mais il est encore assez faible pour rassurer les plus prudents et les plus timides. Ajoutons que sur les vingt catastrophes que l'on cite, il y en a plus de la moitié qui sont dues à l'incapacité, ou à une témérité mal raisonnée, et nous aurons convaincu nos lecteurs que le voyage aérien n'est pas dangereux.

CHAPITRE IV

LES BALLONS MILITAIRES

L'illustre Charles a été véritablement prophète, en parlant de l'avenir qui était réservé à la découverte des ballons, à laquelle il venait de prendre en 1783 une si grande part. Il a annoncé les innombrables difficultés de détail que comportait la construction d'un ballon dirigeable; il a dit qu'un long espace de temps s'écoulerait probablement avant que cette merveille ne soit créée par la science. Il a insisté sur les ressources de premier ordre que les ascensions pouvaient fournir à la météorologie, pour « mesurer les hauteurs de diverses couches de vent, leur densité, leur force; prendre de l'air des nuées, l'analyser, etc. [1]. » Il a su prévoir enfin les aérostats militaires, voire même les ballons du siége de Paris. « N'oublions pas, dit-il en 1784, que les aérostats donnent la possibilité de transporter des lettres et des effets par-dessus une armée ennemie; celle de demander des secours, et peut-être même, quand les neiges séparent les pays,

1. *L'Art de voyager dans les airs*. Paris, 1784, page 37.

de profiter des vents convenables, d'enjamber les plus hautes chaînes de montagnes, pour se communiquer les nouvelles pressées [1]. »

Les prévisions de Charles, au point de vue de l'usage des ballons par les armées en campagne, allaient se réaliser dix ans après.

En 1793, lors du siége de la ville de Condé, le commandant Chanal, homme d'action et d'intelligence, enfermé dans la place forte investie, cherchait à tout prix à donner de ses nouvelles, à envoyer des dépêches au colonel Dampierre, qui commandait une division française hors des lignes d'investissement. Il recourut aux ballons. Il fit construire un aérostat de papier qu'il lança en liberté dans l'espace, avec un petit paquet de dépêches. L'appareil tomba juste au milieu du camp ennemi, et fournit au prince de Cobourg des renseignements sur la situation de la forteresse. Un tel début n'était pas d'heureux présage pour la fortune future des aérostats messagers !

Mais ce fait isolé passa inaperçu ; pendant que le commandant Chanal tentait cette expérience, le célèbre chimiste Guyton de Morveau envisageait sous un tout autre aspect l'usage qu'on pouvait faire des ballons pendant la guerre. Il proposa d'organiser des postes de ballons captifs pour étudier les mouvements de l'ennemi, pour surveiller du haut des airs ses allures et ses changements de position.

Sa proposition fut immédiatement acceptée par le Comité de salut public.

La seule condition qui fut imposée à Guyton de Morveau, c'était de préparer l'hydrogène destiné à gonfler ses ballons sans employer d'acide sulfurique, fabriqué avec le soufre, dont on avait besoin pour

1. *L'Art de voyager dans les airs*. Paris, 1784, page 38.

faire de la poudre. Lavoisier venait de découvrir un nouveau mode de préparation de l'hydrogène, par l'action du fer chauffé au rouge sur la vapeur d'eau. Guyton de Morveau, sans perdre de temps, court au laboratoire de Lavoisier, fait un essai en grand, qui réussit; il communique ce résultat important au Comité de salut public qui l'encourage dans ses essais. Aussitôt le célèbre chimiste s'adjoint un physicien distingué, nommé Coutelle, qui était connu à Paris par le beau cabinet de physique qu'il avait organisé avec toutes les ressources de la science de son temps.

Coutelle fait fabriquer à la hâte un aérostat de 9 mètres de diamètre; il étudie les vernis, les conditions d'une bonne fabrication. Le Comité de salut public l'installe aux Tuileries dans la salle des Maréchaux où il construit un grand fourneau, muni d'un long tube de fonte au milieu duquel la vapeur d'eau se décomposera par le contact de tournure de fer chauffée au rouge. Quand tout est prêt, Coutelle fait une première expérience; la production de l'hydrogène s'opère dans de bonnes conditions, comme le constatent les physiciens Charles et Conté, qui assistent aux détails de l'opération.

Dès le lendemain, Coutelle reçoit l'ordre d'aller se mettre à la disposition du général Jourdan qui vient de recevoir le commandement de *l'armée de Sambre-et-Meuse*. Il part, il arrive à Maubeuge. Mais l'armée française a quitté ses positions, il faut courir à six lieues de là, à Beaumont, chercher le quartier général. Coutelle arrive enfin près du général Jourdan, qui le reçoit d'un air rébarbatif. « Un ballon, dit-il, qu'est-ce que c'est que cela? Vous m'avez tout l'air d'un suspect, j'ai bonne envie de vous faire fusiller. » Coutelle s'explique. Le général Jourdan se calme; il ne demande pas mieux que de faire des essais ; il appellera l'aérostier dès que le moment sera venu d'agir.

Cependant des expériences se continuent à Paris, avec Conté, cet homme si habile que Monge avait pu dire en parlant de lui : « Il a toutes les sciences dans la tête et tous les arts dans la main, » et bientôt avec Coutelle qui est revenu de Beaumont. Un ballon construit dans de bonnes conditions s'élève quelques jours après à 500 mètres à l'état captif, et ouvre à l'œil un espace très-étendu ; le Comité de salut public se décide à décréter la formation d'une compagnie d'*aérostiers militaires* à la tête de laquelle est Coutelle.

Peu de temps après, Coutelle est à Maubeuge, avec son ballon et son équipe. La place vient d'être assiégée par les Autrichiens.

Le capitaine aérostier se met en mesure de construire son fourneau à gaz, de gonfler l'aérostat qu'il a baptisé l'*Entreprenant;* quand tout est prêt, il s'en va prévenir le général commandant en chef et le supplie de le faire agir immédiatement. Le lendemain, une sortie s'organise contre les Autrichiens ; Coutelle s'élance dans la nacelle de l'*Entreprenant* que remorquent avec des cordes une poignée de soldats ; il s'avance jusque sous le feu des ennemis, et deux de ses hommes sont grièvement blessés.

Rentré en ville après cette affaire, le ballon l'*Entreprenant* exécute des ascensions captives deux fois par jour. Du haut des airs, Coutelle lance à terre de petites dépêches attachées à un sac de sable, et fournissant le récit du spectacle qui s'offre à ses yeux. Chaque jour il donne de nouveaux détails sur les travaux des assiégeants qu'il surveille du haut de son observatoire aérien.

L'ennemi s'inquiète vivement de ce ballon si nouveau pour lui, qu'il voit planer dans l'espace, comme un œil mystérieux l'épiant sans cesse. Il lui tire des coups de canon, mais sans l'atteindre ; quelques sol-

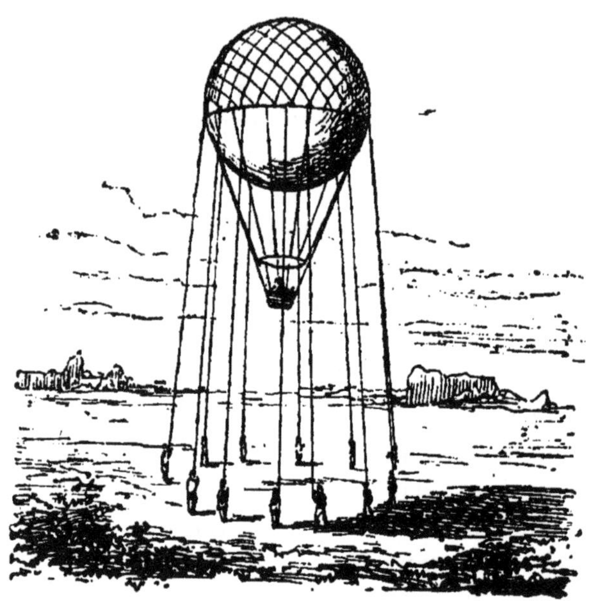

Le ballon captif de Coutelle destiné aux observations militaires.

dats autrichiens sont frappés d'une terreur superstitieuse devant ce globe, qu'ils considèrent comme une œuvre diabolique ; parfois ils s'agenouillent et se mettent en prières devant un tel prodige [1].

Peu de temps après, le général Jourdan se dispose à aller investir Charleroi, où l'armée hollandaise se prépare contre la France à une rude résistance. Il donne l'ordre à Coutelle de transporter son aérostat de Maubeuge à Charleroi, qui n'est pas éloigné de moins de douze lieues. Ce n'est pas une entreprise

1. *Mémoires sur Carnot.*

facile, mais, malgré toutes les difficultés de la route, Coutelle arrive à bon port avec l'*Entreprenant* qu'il a fait transporter tout gonflé.

Il a fallu attacher à la hâte, tout autour du ballon,

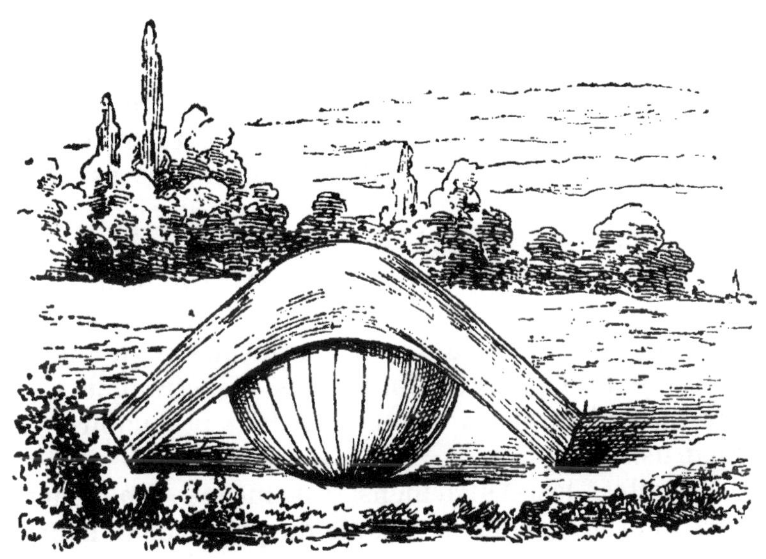

Le ballon de Coutelle sous sa tente-abri.

des cordes d'équateur, destinées à remorquer l'appareil par des piétons. Il a fallu faire passer l'*Entreprenant* au-dessus des toits de la ville de Maubeuge, lui faire franchir des bastions et des fossés; il a fallu enfin tromper la vigilance des ennemis, leur dissimuler le passage d'un globe de soie de 10 mètres de haut; l'entreprise a réussi au prix des plus rudes fatigues !

Quand l'*Entreprenant* apparaît aux yeux des Français campés autour de Charleroi, les soldats courent à sa rencontre en faisant retentir l'air de clameurs de joie. Ils lèvent les bras au ciel, en signe d'admiration, et bientôt la fanfare militaire retentit pour souhaiter la bienvenue au nouvel appareil.

Avant la fin du jour, Coutelle dirige son ballon captif vers la ville, et fait une reconnaissance importante ; il a aperçu les assiégés et a pu donner des renseignements utiles sur leurs forces et leurs positions. Le lendemain, l'aérostier de la République reste huit heures consécutives dans la nacelle, en compagnie du général Morelot ; le surlendemain, Charleroi capitule. La garnison hollandaise tout entière est faite prisonnière.

Quelques heures après, les Autrichiens accoururent au secours de la place investie, mais trop tard !

La prise de Charleroi eut une importance capitale dans les opérations de l'armée française, et le ballon de Coutelle n'a certainement pas été étranger à ce succès, qui prépara pour Jourdan la victoire de Fleurus.

En effet, les Autrichiens s'avancent rapidement vers Charleroi, sous les ordres du prince de Cobourg. L'armée française les attend de pied ferme sur les hauteurs de Fleurus, d'où elle va se précipiter bientôt pour écraser l'ennemi.

Vers la fin de la bataille, l'aérostat l'*Entreprenant* s'élève dans les airs, et pendant plusieurs heures de suite Coutelle envoie au général en chef des notes précieuses sur les mouvements de l'ennemi.

Jourdan n'hésite pas à reconnaître les services des aérostiers militaires, et Carnot, dans ses *Mémoires*, déclare que sans l'*Entreprenant*, bien des opérations de l'armée autrichienne auraient été cachées au général français, par des accidents de terrain qui n'arrêtaient pas le regard de l'aéronaute juché dans sa nacelle.

Malheureusement, malgré cette brillante campagne,

les aérostiers militaires devaient bientôt être arrêtés par de nombreux obstacles. — Coutelle, après Fleurus, suivit l'armée française avec son ballon, mais, arrivé près des hauteurs de Namur, il reconnut que l'*Entreprenant*, usé par le service, était hors d'état de rester gonflé.

Pendant que ces événements se passaient, la Convention nationale ayant eu connaissance des premiers résultats fournis par les observations aérostatiques, prenait la décision de former une deuxième équipe d'aérostiers militaires, qui resterait à Meudon, où devait s'organiser une école aérostatique sous le commandement de Conté.

Bientôt nous retrouvons Coutelle au siége de Mayence d'où l'armée française veut déloger les Autrichiens. L'intrépide aérostier continue ses reconnaissances aérostatiques.

Il reçoit un jour l'ordre de s'approcher de la ville avec son ballon captif, pour donner des renseignements sur l'état des fortifications. Il s'élance dans la nacelle, mais le vent est violent, et à peine parvient-il à s'élever dans l'espace, que des bourrasques rabattent violemment l'*Entreprenant* jusque vers la terre. A chaque rafale, les soixante-quatre aérostiers qui retiennent les câbles sont soulevés du sol. La nacelle par moments se heurte contre terre ; elle ne tarde pas à se briser sous l'action de ces chocs énergiques.

Malgré les efforts de Coutelle, malgré les tentatives renouvelées ailleurs, les ballons militaires ne retrouvèrent plus l'occasion de se signaler comme à Maubeuge, comme à Fleurus. Après quelques insuccès, après quelques accidents, au lieu de persévérer, Hoche se présenta, qui ne croyait pas aux ballons et qui demanda le licenciement du corps des aérostiers. Cependant l'école de Meudon resta toujours ouverte ;

elle aurait certainement exercé de nombreux aérostiers, organisé des équipes, construit des ballons, mais Bonaparte, à son retour de l'expédition d'Égypte, la fit fermer sans rémission. Le futur empereur connaissait les fondateurs de cette école, Coutelle et Conté, il savait quel était leur zèle pour la liberté, leur dévouement pour la République.

L'école aérostatique fut fermée : elle attend encore sa réouverture!

L'étranger ne manqua pas de profiter des enseignements fournis par le ballon de Fleurus. Mais il ne se rencontra nulle part un autre Coutelle ou un nouveau Conté, car les différentes entreprises exécutées depuis ne donnèrent aucun résultat. En 1812, les Russes étudièrent les aérostats au point de vue militaire; ils ne se décidèrent pas à les utiliser pour les reconnaissances, mais ils songèrent à les employer à l'état libre, pour faire tomber, du haut des airs, des bombes sur l'armée française. Ils modifièrent ensuite ce projet, et firent construire à Moscou un immense ballon qui devait pouvoir porter au moins cinquante hommes. Cet aérostat ne fut jamais achevé; il est probable du reste qu'il n'aurait pu répondre aux espérances qu'il avait fait naître.

En 1815, Carnot, commandant en chef la ville d'Anvers, assiégée par l'ennemi, fit exécuter des reconnaissances en ballon captif, mais on manque de renseignements précis sur les expériencce qui furent exécutées.

En 1826, l'attention du gouvernement français fut sérieusement attirée sur la question des ballons militaires, par un ancien professeur de l'École militaire, M. Ferry. Une commission fut nommée, elle approuva les projets de M. Ferry, et termina son rapport en disant que les premiers travaux des aérostiers de la République devaient être continués.

Le gouvernement de la Restauration engloutit le rapport de la commission et le mémoire de M. Ferry dans les profondeurs les plus cachées de ses cartons ministériels!

En 1849, les Autrichiens, pendant le siége de Venise, gonflèrent des petits ballons de papier, munis de bombes, qui devaient tomber sur la ville assiégée. Ils lancèrent deux cents de ces ballonneaux incendiaires. Les ballons s'élèvent, ils marchent sur Venise, ils s'élèvent encore, et sont pris par un contre-courant qui les ramène sur la campagne occupée par l'armée autrichienne, où les bombes incendiaires viennent tomber, sans causer de grands dégâts.

Depuis cette époque, on ne retrouve plus les ballons militaires que de l'autre côté de l'Atlantique. Pendant la guerre des États-Unis, le général Mac-Clellan recourut successivement, en 1861, aux aéronautes La Mountain et Allan qui employaient des ballons de soie gonflés par l'hydrogène produit dans des batteries rectangulaires montées sur des roues et traînées par des chevaux. Le gaz était produit par voie humide, extrait de l'eau par le fer et l'acide. La Mountain partit un jour du camp de l'Union, il traversa Washington en ballon captif, puis, coupant ses cordes, il s'éleva en liberté. Il embrasse d'un seul coup d'œil le panorama des positions ennemies, il prend des notes minutieuses qu'il communique au général Mac-Clellan, après être descendu à Maryland.

M. Allan entreprit sans grand succès des expériences de télégraphie aérostatique; mais, dans cet ordre de tentatives, d'autres essais satisfaisants furent tentés en Amérique, comme nous l'apprend le *Journal militaire de Darmstadt*.

« Dans les derniers jours de mai 1862, dit ce journal, l'armée unioniste, campée devant Richmond, lança au-dessus de la place un ballon captif. Un appareil photographique fut dirigé vers la terre et permit de prendre, en perspective, sur une carte, tout le terrain de Richmond à Manchester, à l'ouest, et à Chikahoming, à l'est. La rivière qui arrose la capitale,

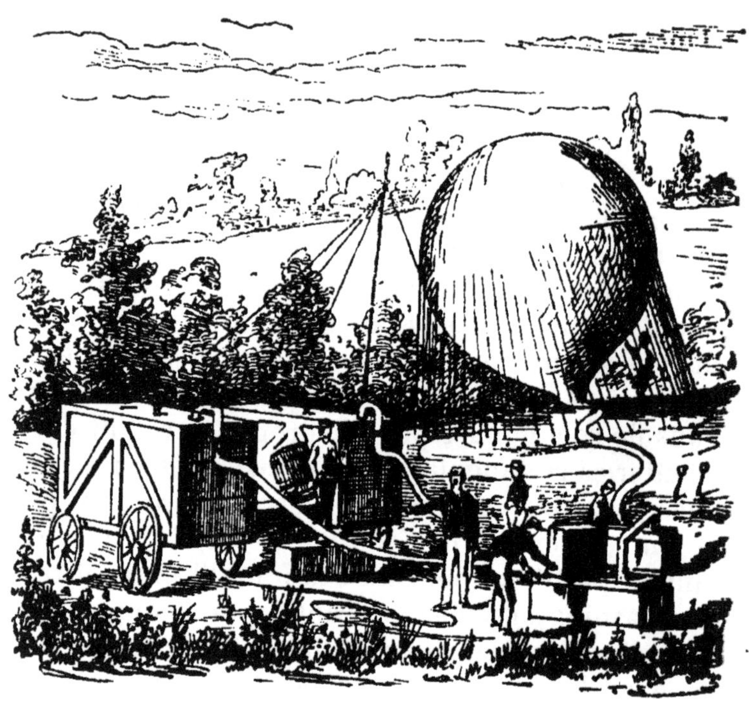

Gonflement d'un ballon militaire en Amérique au moyen des batteries montées sur roues.

les cours d'eau, les chemins de fer, les chemins de traverse, les marais, bois de pins, etc., furent tracés ; on y porta aussi la disposition des troupes, batteries d'artillerie, infanterie et cavalerie. On en tira deux exemplaires. On les divisa en 64 parties, comme un champ de bataille, avec les signes conventionnels,

A, A[e], etc. Le général Mac-Clellan eut un de ces exemplaires, le conducteur du ballon eut l'autre.

« L'armée fut d'abord retenue dans le camp, par le mauvais temps, une journée tout entière ; le 1er juin, l'aérostat s'éleva, vers midi, à une hauteur de plus de mille pieds, au-dessus du champ de bataille, et se mit en relation avec le quartier général par un fil télégraphique. Pendant une heure, les mouvements de l'ennemi furent signalés avec exactitude. Une demi-heure plus tard, la dépêche porta : *Sortie de la maison Cadeys*. Mac-Clellan put, en un instant, donner ordre d'avancer au général Heinsselman, et prescrivit au général Summer, qui était déjà au delà de Chikahoming, de marcher tout de suite sur la petite rivière. Les deux divisions, réunies en deux heures de temps, faisaient face à l'ennemi, et défendaient le champ de bataille. Partout où les assiégés hasardèrent une attaque, ils furent repoussés avec des pertes considérables, et furent attaqués sur les points les plus faibles par des forces supérieures. Ils dirigèrent contre le ballon un canon rayé, d'une énorme portée. Les projectiles firent explosion, près du ballon, et si près que les aéronautes jugèrent prudent de s'éloigner. Le ballon fut descendu à terre ; lancé dans une autre direction, et assez haut pour être hors de portée des pièces ennemies, il fut mis de nouveau en communication avec la terre ferme, et l'armée assiégeante eut avis que de fortes masses de troupes accouraient sur le champ de bataille dans une autre direction. Dès qu'elles furent arrivées à la portée du canon des fédéraux, elles se virent prévenues avec une rapidité qui dut leur paraître inconcevable. Il semblait que le Dieu des batailles les eût complètement abandonnées en ce jour. Elles se voyaient conduites en avant pour servir de but au canon des Yankees. Elles ne pouvaient suivre aucune direction, sans rencontrer un mur de baïonnettes impénétrable. Toutes les tentatives de l'armée du Sud pour enfoncer les lignes ennemies ayant échoué, Mac-Clellan commanda une attaque générale à la baïonnette et repoussa ses adversaires avec une perte énorme. Ce général n'eût pu obtenir un succès aussi complet sans le secours du ballon, et sans l'appareil dont il était muni [1]. »

L'aérostation militaire, malgré ses triomphes, devait disparaître dans un long oubli. Il a fallu que l'ennemi vienne nous écraser pour nous faire sortir de notre torpeur; il a fallu que la première métropole du monde soit investie, cernée, bloquée par les innombrables légions des Barbares modernes, pour que l'on s'aperçoive enfin que les ballons valent la peine d'être gonflés.

L'histoire n'oubliera pas les aérostats du siége de Paris, car ils représentent le seul succès que la France ait remporté sur l'ennemi. En passant dans les airs, au-dessus des armées victorieuses, les aéronautes ont montré que, malgré les défaites et l'abus de la force, un grand peuple sait toujours rencontrer, quand il le veut, le chemin de la liberté.

Rappelons que pendant le siége de Paris 64 ballons ont franchi les lignes ennemies, 5 d'entre eux ont été faits prisonniers, 2 autres se sont perdus en mer. Ils ont enlevé dans les airs 64 aéronautes, 91 passagers, 363 pigeons voyageurs, et 9 000 kilogrammes de dépêches, représentant 3 000 000 de lettres à 3 grammes.

Depuis 1871, le ministre de la guerre a nommé une commission destinée à étudier les ballons militaires.

1. *Application des aérostats à l'art de la guerre*, publié dans le *Journal militaire de Darmstadt*, traduit par le colonel d'Herbelot.

C'est M. Laussedat, colonel du génie, l'éminent professeur du Conservatoire des Arts et Métiers, qui en est le président, et qui, malgré les obstacles et les difficultés de la réorganisation, poursuit sa tâche avec autant de persévérance que de patriotisme [1].

1. M. le colonel Laussedat a exécuté en septembre et octobre 1875 deux voyages aériens pour se rendre compte par lui-même de la manœuvre aérostatique, et de l'étendue des campagnes que l'observateur peut apercevoir du haut des airs. Les deux ascensions ont été exécutées dans les conditions les plus favorables; les départs ont eu lieu au jardin du Conservatoire des Arts et Métiers.

CHAPITRE V

LES ASCENSIONS SCIENTIFIQUES ET L'ÉTUDE DE L'ATMOSPHÈRE

Le globe terrestre peut être considéré comme entouré de deux océans concentriques, l'un liquide, qui ne couvre que les trois quarts de sa surface, c'est la mer; l'autre gazeux, qui l'enveloppe complétement, c'est l'atmosphère.

Tandis que la science de la mer est créée, la science de l'air est encore à faire. La météorologie est à l'état d'enfance, elle ne fait que balbutier ses premiers mots; elle n'entrevoit que vaguement jusqu'ici les lois qui dirigent les courants atmosphériques. Cela tient à ce que l'observateur terrestre ne peut apprécier que les vents superficiels; plongé dans les bas-fonds de l'océan atmosphérique, il ignore ce qui se passe dans les hautes régions de l'air. La météorologie est une science de faits et d'observation; pour lui apporter les faits, il faut aller les chercher; pour bien connaître ces fleuves de l'air, il faut se baigner dans leurs cours, il faut y monter, de même que pour étudier les fleuves de la mer il a fallu y naviguer. Si l'explorateur veut accomplir ce voyage de l'oiseau, le ballon est jusqu'ici l'unique et admirable engin qui emporte le physicien dans le pays des nuages. Il constitue la meilleure des sondes atmosphériques, puisque cette sonde entraîne avec elle le sondeur lui-même.

L'application des aérostats à la météorologie a été comprise par tous les savants, dès l'apparition même des premiers ballons. « L'aérostat, disent en 1783 les membres de l'Académie des sciences, chargés du rapport sur la machine inventée par les Montgolfier, pourra être employé dans beaucoup d'usages pour la physique, comme pour mieux connaître les vitesses et les directions des différents vents qui soufflent dans l'atmosphère... pour s'élever jusque dans la région des nuages, et y aller observer les météores [1]. »

Les hommes les plus illustres, Euler, Guyton de Morveau, Arago, ont affirmé l'importance des observations météorologiques en ballon, et, à notre époque, nos savants les plus éminents ont toujours encouragé l'étude de l'atmosphère par les voyages aériens. Lors de la séance générale de la Société française de navigation aérienne en 1874, l'honorable président de cette Société, M. Hervé-Mangon, a parfaitement résumé dans une éloquente allocution l'opinion des savants actuels :

« Les applications de l'aéronautique aux études météorologiques, a dit M. Mangon, sont nombreuses et importantes ; elles doivent être actuellement, permettez-moi de vous le répéter après M. Janssen, le but principal de vos ef-

1. *Rapport fait à l'Académie des sciences sur la machine aérostatique inventée par MM. de Montgolfier*, le 23 décembre 1783, par Le Roy, Tillet, Brisson, Cadet, Lavoisier, Bossut, le marquis de Condorcet et Desmaret.

forts et de vos travaux. Les phénomènes qui s'accomplissent dans l'atmosphère sont à peine connus; nous ignorons comment se forment la grêle, les orages, les brouillards, les aurores boréales; nous ne connaissons pas davantage les lois des courants aériens. Obligés de ramper à la surface de la terre, les observateurs ne pouvaient étudier, en effet, que la couche inférieure de l'atmosphère; ils ne pouvaient faire que de la météorologie incomplète, de la météorologie à deux dimensions, si l'on peut parler ainsi. Il appartient, au contraire, aux aéronautes de parcourir l'espace en tous sens, de constituer la météorologie complète, la météorologie à trois dimensions [1]. »

L'année précédente, M. Janssen, président de la Société, disait avec non moins de conviction en parlant de l'aérostation scientifique :

« Il y a là un champ immense d'études et toute une science à créer. Cette science ne pouvait se constituer sans l'instrument indispensable, qui est l'aérostat. Le champ est immensément riche, il est vierge, et les premiers qui s'y élanceront, s'ils sont instruits, persévérants, courageux, y feront des découvertes capitales [2]. »

On se demandera peut-être, comment il se fait que les résultats obtenus au point de vue météorologique dans plus de vingt mille ascensions exécutées depuis l'expérience d'Annonay, n'aient encore qu'une faible importance. Mais nous ferons observer que parmi ces nombreux voyages, il y en a tout au plus une centaine qui aient été entrepris par des observateurs munis d'appareils et d'instruments, et que si les promenades aériennes sont en quelque sorte innombrables, les explorations véritablement scientifiques sont extrêmement rares.

1. *L'Aéronaute*, 8e année, 1875, p. 11 et suiv.
2. *L'Aéronaute*, 7e année, 1874, p. 48 et suiv.

Charles avait compris l'importance de l'aérostation scientifique ; s'il eut l'insigne honneur de créer l'art aéronautique, il eut encore celui d'emporter pour la première fois dans la nacelle aérienne les instruments de mesure de la pression atmosphérique et de la température. Mais Charles, après l'admirable ascension qui a immortalisé son nom, ne remonta jamais dans les airs.

Blanchard dans sa seizième ascension aérostatique, exécutée à Gand le 20 novembre 1785, s'éleva, comme nous l'avons dit précédemment, à une grande hauteur; il prétend même, mais, hâtons-nous de le dire, sans preuve suffisante à l'appui, qu'il s'éleva à 32 mille pieds. Cela n'est pas vraisemblable. Cependant il ressentit l'influence de la dépression atmosphérique.

« Je voguais, dit-il, dans l'immensité des airs à la merci des vents, éprouvant un froid que jamais mortel n'a ressenti dans les climats les plus rigoureux. La nature languissait; j'éprouvais un engourdissement, prélude d'un sommeil dangereux [1]. »

Blanchard manquait d'une instruction scientifique sérieuse, et, malgré l'admiration que doit inspirer son intrépidité et son amour de l'aérostation, il ne faut accepter ses affirmations qu'avec une certaine réserve.

Le physicien Robertson exécuta en 1803 la première ascension véritablement scientifique. Le beau voyage qu'il accomplit à Hambourg le 18 juillet 1803, avec son compagnon Lhoëst, attira l'attention du monde savant dans l'Europe entière. Pour la première fois il atteignit d'une façon certaine les hautes régions de l'atmosphère, et entreprit une série d'expériences

1. *Relation du seizième voyage aérien de M. Blanchard, fait à Gand, le 20 novembre* 1785. Une brochure grand in-8°. A Gand, 1786.

sur le magnétisme, l'électricité, la température, etc. Robertson rapporte les effets de la dépression à grande hauteur.

« Nous éprouvions une anxiété, un malaise général; le bourdonnement d'oreilles que nous souffrions depuis longtemps augmentait d'autant plus que le baromètre dépassait les 13 pouces. La douleur que nous éprouvions avait quelque chose de semblable à celle que l'on ressent lorsque l'on plonge la tête dans l'eau. Nos poitrines paraissaient dilatées et manquaient de ressort; mon pouls était précipité; celui de M. Lhoëst l'était moins : il avait, ainsi que moi, les lèvres grosses, les yeux saignants; toutes les veines étaient arrondies et se dessinaient en relief sur mes mains. Le sang se portait tellement à la tête qu'il me fit remarquer que son chapeau lui paraissait trop étroit. Le froid augmentait d'une manière sensible; le thermomètre descendit alors assez brusquement jusqu'à 2 degrés et vint se fixer à $5\frac{1}{2}$ au-dessous de glace, tandis que le baromètre était à 12 pouces $\frac{4}{100}$. A peine me trouvai-je dans cette atmosphère, que le malaise augmenta; j'étais dans une apathie morale et physique; nous pouvions à peine nous défendre d'un assoupissement que nous redoutions comme la mort [1]. »

Robertson a fixé, d'après le baromètre, la hauteur qu'il a atteinte, non pas à 7 400 mètres comme on l'a dit dans la plupart des *Traités aéronautiques*, mais à 3 679 toises, ou 7 170 mètres (la toise valant $1^m,949$).

En quittant l'Allemagne, Robertson se rendit en Russie. Les résultats qu'il avait obtenus, lors de son ascension sur la décroissance du magnétisme terrestre, attirèrent l'attention de l'Académie des sciences de Saint-Pétersbourg, qui lui proposa de les vérifier dans une nouvelle expérience.

1. *Mémoires récréatifs, scientifiques et anecdotiques du physicien-aéronaute* E.-G. Robertson. 2 vol. in-8°, ornés de planches et de figures. Tome deuxième. p. 65 et suiv. Paris, 1840.

La deuxième ascension de Robertson eut lieu avec le concours d'un savant moscovite, Saccharoff, et confirma les premières affirmations du physicien français.

Les faits si nouveaux, si imprévus qui venaient d'être mis en évidence soulevèrent des objections au sein de l'Académie des sciences de Paris, et Laplace ne tarda pas à demander que l'on entreprît de nouvelles expériences : la proposition du grand astronome fut appuyée par Berthollet et par quelques autres académiciens. Chaptal, alors ministre de l'intérieur, subvint aux frais de l'entreprise.

Biot et Gay-Lussac furent désignés pour exécuter l'ascension et Conté, l'ancien directeur de l'École aérostatique de Meudon, fut chargé de construire et d'appareiller l'aérostat.

C'est du jardin du Conservatoire des Arts et Métiers que Biot et Gay-Lussac s'élevèrent, le 20 août 1804 ; ils exécutèrent une série d'expériences thermométriques et barométriques, ils observèrent l'influence exercée par la dépression de l'air sur quelques animaux qu'ils avaient emportés; ils s'attachèrent à l'étude des manifestations électriques et surtout à celle de la décroissance de la propriété magnétique avec l'altitude. Quant à ce qui concerne ce dernier point, ils établirent que la propriété magnétique n'éprouve aucune diminution appréciable depuis la surface de la terre jusqu'à 4 000 mètres, altitude maximum qu'ils avaient atteinte.

Biot et Gay-Lussac constatèrent enfin pour la première fois que l'hygromètre marchait constamment vers la sécheresse à mesure qu'ils s'élevaient dans l'atmosphère; ils indiquèrent ainsi la loi de décroissance de l'humidité avec l'altitude.

Ce premier voyage aérien offrait à la science un

grand nombre de problèmes à élucider. Gay-Lussac résolut de recommencer l'expérience, et le 16 septembre 1804 il entreprit seul une magnifique ascension à grande hauteur et s'éleva à l'altitude de 7016 mètres.

Dans ce voyage, Gay-Lussac recueillit de l'air à 6 500 mètres, pour le soumettre à l'analyse, il mesura à l'altitude de 4 000 mètres environ les oscillations de l'aiguille aimantée, il confirma ses premières observations sur la décroissance de l'humidité de l'air avec l'altitude. Il apporta enfin des documents d'un haut intérêt sur les effets physiologiques de la raréfaction de l'air, à l'altitude de 6 977 mètres au-dessus de Paris ou de 7 016 mètres au-dessus du niveau de la mer.

« Quoique bien vêtu, dit Gay-Lussac, je commençais à sentir le froid, surtout aux mains, que j'étais obligé de tenir exposées à l'air. Ma respiration était sensiblement gênée, mais j'étais encore bien loin d'éprouver un malaise assez désagréable pour m'engager à descendre. Mon pouls et ma respiration étaient très-accélérés : aussi, respirant fréquemment dans un air très-sec, je ne dois pas être surpris d'avoir eu le gosier si sec, qu'il m'était pénible d'avaler du pain. Avant de partir, j'avais un léger mal de tête provenant des fatigues du jour précédent et des veilles de nuit, et je le gardai toute la journée, sans m'apercevoir qu'il augmentait. Ce sont là toutes les incommodités que j'ai éprouvées[1]. »

Les mémorables expériences dont nous venons de présenter un tableau sommaire ont ouvert la voie à celles que les savants ont exécutées depuis vingt ans. Un bien long intervalle de temps s'est écoulé entre l'ascension de Gay-Lussac, et celles que MM. Barral et Bixio ont exécutées en 1850 dans le dessein

1. *Œuvres d'Arago.* Voyages scientifiques.

d'entreprendre une nouvelle série d'observations et d'expériences scientifiques.

Le 29 juin 1850, à 10 heures et demie du matin, MM. Barral et Bixio partirent de l'Observatoire de Paris, dans la nacelle d'un aérostat gonflé à l'hydrogène pur que Dupuis-Delcourt avait mis à leur disposition. M. Regnault avait construit les instruments, baromètres, thermomètres, hygromètres, ballons pour recueillir l'air, destinés au voyage. Mais par suite d'un accident l'ascension ne dura que quarante-cinq minutes, et ne put donner de résultats. Un second voyage fut accompli par les mêmes observateurs, le 27 juillet, et il se signala par des circonstances remarquables. A la hauteur de 7 004 mètres, les voyageurs rencontrèrent pour la première fois un nuage formé, non pas de vésicules d'eau, mais de paillettes de glace, et ils y virent descendre le thermomètre à 39° au-dessous de zéro. Les expériences exécutées pendant le voyage furent nombreuses et intéressantes ; l'altitude atteinte fut considérable. Les voyageurs s'élevèrent en effet à 7 039 mètres, et ils eurent à souffrir des morsures d'un froid rigoureux, sans être gênés dans leur respiration. L'observation du nuage à glace fut considérée à juste titre comme un fait d'une haute importance ; Arago en fit ressortir toutes les conséquences météorologiques.

Depuis cette ascension, la météorologie scientifique n'a pas cessé d'être cultivée pendant un long espace de temps. En 1852, Welsh, accompagné de l'aéronaute anglais Green, exécuta quatre belles ascensions, et atteignit successivement les hauteurs de 5 960, 6 096 et 6 990 mètres [1].

Dix années se passèrent depuis lors, sans que la

1. Voy. *Œuvres d'Arago*. Voyages scientifiques.

science ait eu à enregistrer des explorations aériennes à grande hauteur. En 1861, M. James Glaisher, directeur de l'Observatoire météorologique de Greenwich, commença, sous les auspices de l'Association britannique, une série d'ascensions qui devaient le conduire à plusieurs reprises à des hauteurs bien supérieures à celles que ses prédécesseurs avaient atteintes, et qui allaient faire de lui le maître de l'aérostation scientifique. M. Glaisher a exécuté trente voyages aériens, pendant lesquels il s'est peu à peu aguerri à affronter les effets de la raréfaction de l'air et de l'abaissement de température. Le savant anglais a voulu s'*entraîner* par des tentatives préliminaires pour s'élever dans les régions aériennes éloignées du sol ; n'ayant pas encore entre les mains les ressources de l'inhalation de l'oxygène, il a pensé qu'il était utile de procéder par phases successives, de s'habituer peu à peu à vivre dans des milieux où la pression barométrique est de plus en plus faible. C'est ainsi que M. Glaisher a pu dépasser à trois reprises différentes, dans ses voyages de Wolverhampton à Solihull, de Cristal-Palace à New-Haven et de Wolverton à Ely, l'altitude de 7 000 mètres, où Gay-Lussac n'avait conduit son ballon qu'une seule fois avant lui. Mais le véritable titre de gloire du savant anglais est son ascension du 5 septembre 1862, exécutée avec M. Coxwell. Les deux intrépides explorateurs lancèrent leur esquif aérien jusqu'à 8 800 mètres au-dessus du niveau de la mer ; ils faillirent payer de leur vie cette magnifique hardiesse...

.... « Tout à coup, dit M. Glaisher, je me sentis incapable de faire aucun mouvement. Je voyais vaguement M. Coxwell dans le cercle, et j'essayais de lui parler, mais sans parvenir à remuer ma langue impuissante. En un instant, des ténèbres épaisses m'envahirent ; le nerf optique avait subitement perdu sa puissance. J'avais encore toute ma connaissance, et mon cerveau était aussi actif qu'en écrivant ces lignes. Je pensais que j'étais asphyxié, que je ne ferais plus d'expériences et que la mort allait me saisir... D'autres pensées se précipitaient dans mon esprit, quand je perdis subitement toute connaissance, comme lorsque l'on s'endort..... Ma dernière observation eut lieu à 1 h. 54. Je suppose qu'une ou deux minutes s'écoulèrent avant que mes yeux cessassent de voir les petites divisions des thermomètres et qu'un même laps de temps se passa avant mon évanouissement ; tout porte à croire que je m'endormis à 1 h. 57 d'un sommeil qui pouvait être éternel. »

Pendant ce moment si tragique, si terrible, M. Coxwell voulut s'efforcer d'arrêter la marche de l'aérostat, qui montait toujours vers des régions plus élevées. Il se hisse dans le cercle pour tirer la corde de la soupape ; il s'aperçoit avec effroi que ses mains deviennent noires comme celles d'un cholérique, que des cristaux de glace se déposent partout autour de l'orifice de l'appendice, et que ses forces l'abandonnent. Il veut lever les bras, mais ses membres sont inertes. Heureusement que sa tête et son corps sont encore doués de la faculté de se mouvoir ; dans un effort suprême, il saisit avec ses dents la corde de la soupape, la tire avec violence, et fait ainsi échapper une quantité de gaz suffisante pour que l'aérostat revienne bientôt vers des niveaux inférieurs [1].

Depuis les expériences de M. Glaisher, plusieurs ascensions scientifiques ont été exécutées en France par M. W. de Fonvielle, par M. Camille Flammarion, qui ont apporté à la météorologie un grand nombre de faits intéressants. M. Flammarion a notamment

1. *Voyages aériens*, par J. Glaisher, C. Flammarion, W. de Fonvielle et G. Tissandier.

exécuté, en compagnie de M. Eugène Godard, plusieurs beaux voyages de longue durée que le lecteur pourra lire dans le livre des *Voyages aériens*.

Depuis six années j'ai exécuté, soit seul, soit avec mon frère Albert Tissandier, soit avec d'autres observateurs, vingt et une ascensions dans les circonstances les plus diverses, de jour comme de nuit, au-dessus de la terre comme au-dessus de l'océan ; elles m'ont permis de mettre en évidence des résultats qui me paraissent dignes d'être signalés, et dont je résumerai ici les plus importants, avant d'arriver aux expériences que j'ai exécutées sous les auspices de la *Société française de navigation aérienne*, avec mes regrettés amis Crocé-Spinelli et Sivel.

Le 15 août 1868, M. Duruof et moi, nous nous élevions en ballon de la place de Calais, malgré le dangereux voisinage de la mer. Nous montons d'un trait jusqu'à 1 200 mètres d'altitude ; nous traversons une mince couche de nuages et nous planons bientôt à 1 800 mètres d'altitude.

A travers les intervalles qui séparent les nuages entre eux, nous apercevons dans les bas-fonds la petite ville de Calais, le rivage, les côtes ; mais nous voyons aussi qu'un courant rapide nous a saisis et nous entraîne loin du port, au cœur même de la mer du Nord.

Voilà bientôt l'immense étendue des flots qui s'étend sous notre nacelle. La foule s'est pendant ce temps amoncelée sur la jetée du port ; elle suit avec anxiété la marche de notre ballon, et le voit diminuer à vue d'œil, jusqu'au moment où il va se perdre dans l'horizon de la mer. Nous avons su plus tard que de vieux marins, en nous regardant à travers leurs lunettes, s'étaient écriés d'une voix émue : « Ils sont perdus ! »

Nous l'étions en effet, sans l'alternance des courants aériens superposés. Après avoir laissé flotter notre aérostat à 1 800 mètres de haut jusqu'à 28 kilomètres environ en pleine mer, Duruof laisse le ballon descendre à des niveaux inférieurs. Nous traversons de haut en bas la couche de nuages que nous avions gravie de bas en haut ; nous nous rapprochons de la surface de la mer, décidés à y laisser flotter notre

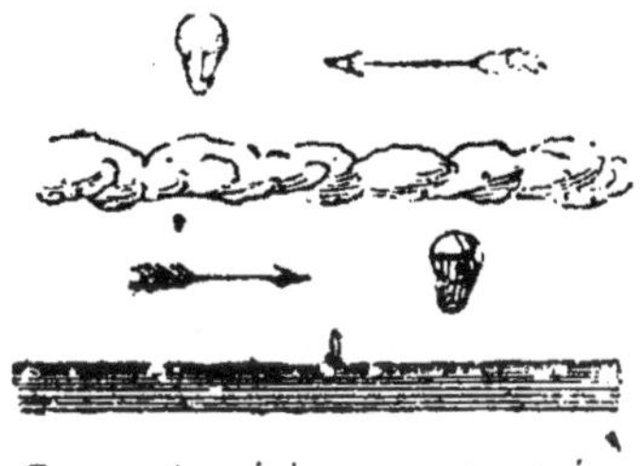

Courants aériens superposés.

esquif dans l'espoir d'être sauvés par un navire. Mais tandis que le vent supérieur se dirigeait vers le nord-est, le courant atmosphérique inférieur marchait vers le sud-ouest. Nous revenons littéralement sur nos pas, et la ville de Calais grossit à vue d'œil, comme l'image de ces projections fantasmagoriques qui semblent se précipiter vers les spectateurs. Le vent soufflait avec rapidité, c'était la vraie « bonne brise » des marins ; il nous ramène au-dessus de Calais, où nous entendons avec une légitime émotion les acclamations de la foule.

Enthousiasmés de ce succès, nous ne descendons pas encore, nous jetons du lest et nous remontons plus loin dans le courant supérieur ; nous revoyons les flots de la mer, au-dessus desquels nous contemplons, muets d'admiration, le sublime spectacle du coucher du soleil. Après cette deuxième excursion en mer, le vent superficiel où nous redescendons nous lance à la pointe même du cap Gris-Nez ; nous y atterrissons enfin, à quelques centaines de mètres du lieu où, moins heureux que nous, l'infortuné Pilâtre de Rozier avait trouvé la mort en 1785.

Il m'a été donné de constater encore d'autres faits semblables, qui sont beaucoup plus fréquents qu'on ne le suppose généralement.

Le 6 novembre 1870, au moment où Paris était assiégé, mon frère et moi, nous avons exécuté deux ascensions, dans le but de tenter un retour dans la capitale investie. Malheureusement, le vent d'abord favorable a tourné brusquement dans une direction opposée à notre but; mais ceci n'a rien qui doive actuellement fixer notre attention.

Le seul fait qui se rapporte à notre sujet est celui de notre descente à quelques lieues de Rouen : à 300 mètres de haut, notre ballon fuyait dans la direction du sud-est, et les paysans couraient après le globe aérien. En se rapprochant de terre, l'aérostat se met à rétrograder et à s'avancer de lui-même jusque dans les bras de ceux qui tout à l'heure ne pouvaient pas l'atteindre. Plus tard, M. Bunelle a fait aux environs d'Odessa, sur la mer Noire, un voyage analogue à celui que nous avons exécuté près de Calais, sur la mer du Nord; les vents supérieurs l'ont jeté avec son ballon au-dessus des flots, les vents inférieurs l'ont lancé en sens inverse vers le rivage.

Enfin, dans l'ascension de longue durée exécutée le 24 mars 1875 par Crocé-Spinelli, Sivel, Albert Tissandier, Jobert et moi, il nous a été donné de profiter ainsi dans des circonstances exceptionnelles de l'alternance des courants aériens, et de nous rapprocher de terre, ou de nous avancer vers le golfe de Gascogne, à sept reprises successives et à des altitudes différentes.

On voit que l'observation des courants atmosphériques offre un grand intérêt météorologique ; mais les ascensions dont je viens de présenter le récit succinct ont encore une importance particulière au point de vue de l'aéronautique. Il résulte en effet de ces voyages aériens que bien souvent le navigateur de l'air peut, en quelque sorte, se diriger dans l'espace quand les circonstances atmosphériques sont favorables, et lorsqu'il sait, comme l'oiseau qui plane, chercher à différents niveaux le courant aérien qui lui est favorable.

Si l'alternance des courants ne peut être bien étudiée qu'à l'aide des ballons, il en est de même pour ce qui concerne leur température, leur état hygrométrique et leur vitesse. L'observateur terrestre, comme nous l'avons déjà dit, ne peut apprécier ces éléments importants que pour les vents superficiels, accidentels, locaux, et qui ne constituent pas toujours les vrais fleuves aériens, roulant leur masse au-dessus des nuages.

Bien des surprises attendent encore à ce sujet le physicien qui s'élève dans l'air ; je ne parlerai ici que de ce qui concerne la vitesse des vents supérieurs. Les voyages en ballon permettent de l'apprécier d'une façon certaine, connaissant la valeur de l'espace parcouru et le temps qu'on a employé à le parcourir. Souvent une légère brise souffle à terre, mais dans des régions élevées l'atmosphère est calme, immobile comme l'eau d'un lac ; c'est pour l'océan aérien ce qu'est la « mer d'huile » de la Méditerranée. Le 11 avril 1869, j'ai constaté avec M. de Fonvielle un de ces curieux états de l'air ; le ballon l'*Union*, parti à 11 heures 35 de l'usine à gaz de la Villette, s'éleva verticalement et, arrivé à 2 000 mètres d'altitude, il resta en place, dans un état de fixité tellement absolu qu'on le considéra de loin comme un ballon captif. A midi, notre nacelle plane juste au-dessus des gazomètres de l'usine ; à deux heures, ces mêmes gazomètres apparaissaient encore au-dessous de notre ballon. Tout ce que nous pûmes faire, ce fut d'atterrir au milieu du cimetière de Clichy, seul emplacement libre de chemins de fer ou de maisons, que l'on peut considérer comme les récifs du navigateur aérien. Nous mettions pied à terre, après avoir parcouru en deux heures et demie l'espace de quelques centaines de mètres. Comme le lièvre de La Fontaine, nous eussions perdu la course, si nous avions hasardé une gageure avec la tortue.

Une autre fois, le 7 février 1869, nous fûmes entraînés, à 1 100 mètres de haut, par un courant aérien d'une violence extraordinaire ; partis du même lieu de départ, nous rencontrâmes au-dessus des nuages un fleuve aérien brûlant ; notre thermomètre y marquait 27 degrés centésimaux, tandis que la température de l'hiver régnait à terre ; il nous emporta dans son cours avec une vitesse effroyable dont rien ne pouvait nous faire supposer l'intensité, car des nuages sombres nous masquaient la vue du sol.

Après un voyage de trente-cinq minutes, montre en main, nous dûmes faire revenir à terre notre ballon. Nous étions à 90 kilomètres de Paris, à Neuilly-Saint-Front, au delà de Château-Thierry. Le vent supérieur s'était mis à souffler à terre pendant notre voyage ; aussi, à l'atterrissage, nous fûmes enlevés par une force invincible, jetés sur les bois de Neuilly-Saint-Front, où notre nacelle se heurtait de cime en cime ; notre ancre, solide cependant, fut brisée comme une tige de verre, et un traînage vraiment terrible nous fit parcourir en quelques minutes un espace de 3 kilomètres. Ce vent, d'une force exceptionnelle, était le terrible sud-ouest des marins ;

il a régné d'abord ce jour-là dans les hautes régions de l'air avant de se manifester à la surface du sol.

Comme exemple d'observation due aux aérostats de courants aériens rapides, je citerai un des plus remarquables voyages aériens connus jusqu'à ce jour. C'est celui de M. Rolier, qui a été entrepris pendant le siége de Paris.

Le 24 novembre 1870, M. Rolier, accompagné d'un franc-tireur, s'élevait de la gare du Nord, à minuit, par un vent assez violent et par un ciel sombre. Les voyageurs allaient être entraînés à l'altitude de 2 000 mètres par un fleuve aérien d'une vitesse peu commune. Leur ballon allait en effet traverser en quinze heures de temps le nord de la France, la Belgique, la Hollande, la mer du Nord et une partie de la Norwége, pour aller échouer au mont Lid, à 300 kilomètres au nord de Christiania, à 1 600 kilomètres de Paris !

Si les ballons, comme on le voit, offrent de précieuses ressources à l'étude des courants aériens, ils ne sont pas moins utiles en ce qui concerne les températures de l'atmosphère, les expériences hygrométriques, les investigations relatives à l'électricité, au magnétisme, en ce qui regarde enfin l'observation des nuages, de ces massifs de vapeur qui fertilisent nos campagnes en apportant dans leur sein l'eau de l'océan distillée par le soleil. Ces nuages, entraînés par les courants atmosphériques, nous donnent la pluie féconde ; et ils nous fournissent encore la chaleur des tropiques, qu'ils emmagasinent pendant leur formation et qu'ils distribuent dans les régions du Nord, lorsqu'ils reprennent l'état liquide.

Rien n'est plus imposant que le tableau des nuages, contemplé du haut des airs dans la nacelle aérienne. Quelle impression délicieuse que de se sentir mollement soulevé de terre, suspendu au-dessous de la sphère de gaz qui s'élève avec lenteur et non sans majesté, comme ces brumes du matin que paraissent aspirer les rayons du soleil !

Quel charme dans le tableau de l'horizon qui s'élargit, des bruits humains qui se dissipent, de la

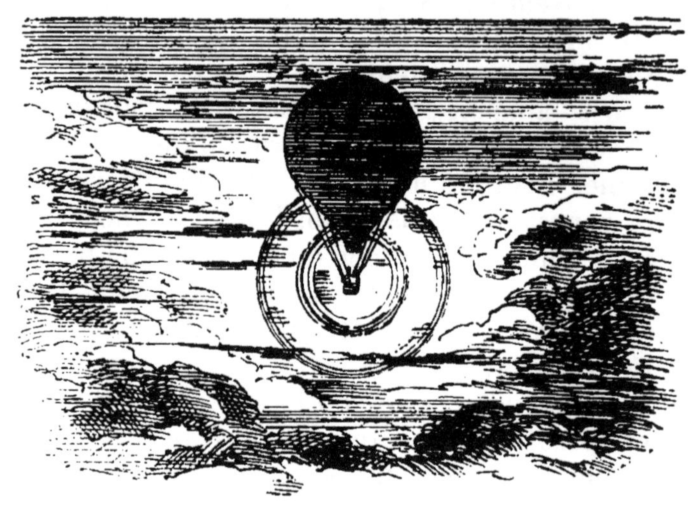

Ombre du ballon sur les nuages, entourée d'une auréole irisée.

terre qui s'éloigne et qui ne se laisse plus entrevoir que comme les bas-fonds du vaste océan aérien ! On monte au milieu de ces nuages diaphanes, qui vous enveloppent d'un brouillard opalin jusqu'au moment où l'on s'échappe de leur surface supérieure, pour voir apparaître le ciel où règnent les feux d'un soleil ardent. On contemple alors un plateau circulaire de nuages arrondis qui, dans ces régions élevées, prennent un aspect tout nouveau. Ils acquièrent du relief, de la consistance; on dirait des mamelons solides de glaciers fantastiques, où le soleil dessine, par des ombres vigoureuses, des vallées d'argent, comme dans les pays enchanteurs des *Mille et une Nuits*. Le ballon, entraîné par les courants aériens, paraît immobile dans ce monde du calme, du silence et de la contemplation. Je plaindrais celui dont l'âme ne serait pas embrasée au foyer de cette sublime poésie des spectacles naturels.

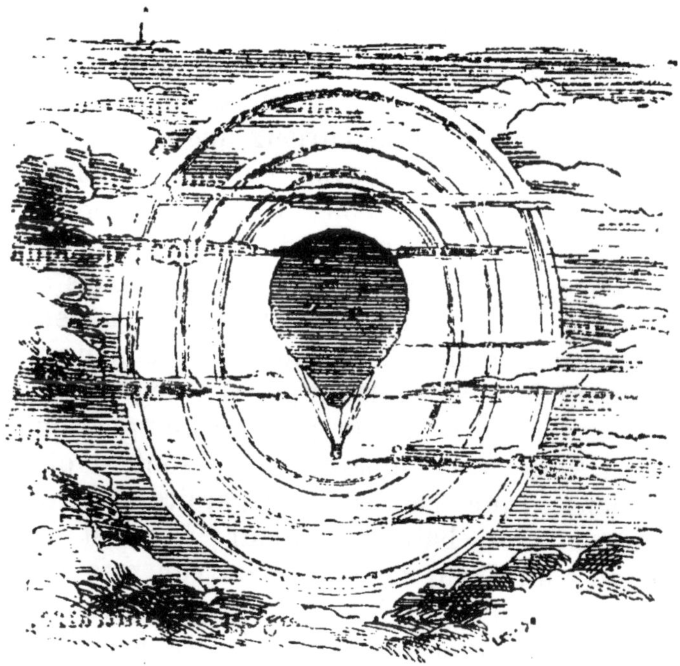

Ombre du ballon sur les nuages, entourée d'une triple auréole.

Tantôt les nuages forment une nappe immense, un écran opaque qui cache entièrement la vue de la terre; tantôt ils se suivent isolés, comme des géants aux formes capricieuses et changeantes. Alors on aperçoit le sol à travers les intervalles qui les séparent : les villes, les campagnes et les bois se succèdent, réduits à des dimensions lilliputiennes... Veut-on s'élever plus haut dans les régions de l'air, une poignée de sable suffit pour augmenter encore de quelques centaines de mètres la distance qui nous sépare des humains. Veut-on descendre, quelques mètres cubes de gaz, perdus par la soupape, nous ramènent vers la surface terrestre.

Quand on passe auprès des blancs cumulus, leur masse opaque forme écran, et l'ombre du ballon s'y projette; elle s'entoure parfois de cercles irisés aux sept couleurs de l'arc-en-ciel, et produit alors un spectacle saisissant. On dirait un second ballon qui vous suit; rien n'est plus curieux que de voir sur les nuages son image se mouvoir comme dans les ombres chinoises. Ces auréoles lumineuses entourent parfois l'ombre tout entière du ballon; quelquefois elles n'en ceignent qu'une partie; quelquefois enfin, comme nous l'avons observé, trois arcs-en-ciel concentriques enferment l'image du ballon dans un triple cadre circulaire aux couleurs pures et légères.

Les nuages où le ballon peut se plonger sont de nature très-diverse; quelquefois ils sont si obscurs et si denses que l'aérostat disparaît entièrement comme dans un bain de vapeur; il m'est arrivé, même en août 1868, de perdre de vue mes compagnons aériens. Parfois les nuages, au contraire, sont opalins et presque lumineux. Le 16 février 1873, nous avons eu la bonne fortune de rencontrer, mon frère et moi, un nuage à glace semblable à celui que M. Barral avait traversé jadis, et au sujet duquel on avait, bien à tort, émis quelques doutes. Le ballon planait à 1 800 mètres sous un ciel ardent; le thermomètre marquait 18 degrés centésimaux. En revenant vers la terre, nous arrivons dans un nuage où nous sommes saisis par un froid violent, comme à l'entrée d'une cave en été. Le thermomètre, en effet, descend subitement à 4 degrés au-dessous de zéro.

Quelle n'est pas notre surprise en voyant des paillettes de glace qui voltigent autour de nous comme de fines lamelles de mica! Nos cordages, nos vêtements, nos barbes se hérissent immédiatement de végétations glacées. Un fil de cuivre que nous avions laissé pendre de la nacelle devient blanc sous une couche de givre, et donne des étincelles quand nous y approchons le doigt. Malheureusement la traversée de ce nuage se fait avec une rapidité effroyable, le ballon se refroidit brusquement, se charge de givre qui l'alourdit; malgré le lest jeté, il se précipite à terre avec une violence effroyable et nous fait subir un choc si brusque, si inattendu, qu'un de nos compagnons lâche prise et est lancé dans un champ où il atterrit bien malgré lui. Grâce au ciel, cette mésaventure n'eut pas de suite dramatique.

Je ne décrirai pas plus longuement les ascensions scientifiques qui ont été exécutées avant le siége de Paris; il me tarde de passer en revue des expériences plus récentes, qui ont malheureusement fourni à l'histoire de l'aérostatique la plus terrible des catastrophes auxquelles les ballons aient jamais donné lieu.

Après le siége de Paris, la *Société française de navigation aérienne* fut fondée; elle prit une extension considérable, grâce au zèle de quelques-uns de ses membres; elle fut bientôt présidée par M. Janssen, puis par M. Hervé-Mangon; elle l'est aujourd'hui par M. Paul Bert. Crocé-Spinelli et Sivel résolurent de marcher sur les traces des Gay-Lussac et des Glaisher, et ils exécutèrent le 26 avril 1873, en compagnie de MM. Pénaud, le docteur Pétard et Jobert, une première ascension scientifique d'un intérêt réel.

L'année suivante, Crocé-Spinelli et Sivel exécutèrent une ascension à grande hauteur avec le projet de mettre à profit les nouvelles doctrines physiologiques mises au jour par le digne élève de notre illustre M. Claude Bernard : M. Paul Bert.

M. Paul Bert, dans un des plus remarquables travaux physiologiques de notre époque, a jeté une lumière nouvelle sur l'influence que les modifications dans la pression barométrique exercent sur les phénomènes de la vie. Avant lui, M. le Dr Jourdanet s'était attaché à l'observation des effets produits par les faibles pressions barométriques sur les hauts plateaux des montagnes; et les résultats de ses études furent pleinement confirmés par les savantes expérimentations de M. Bert [1].

La première idée qui s'est présentée non-seulement aux voyageurs ayant eu à subir l'action du *mal des montagnes* ou du *mal des aérostats* dans les hautes régions de l'atmosphère, mais aux médecins et aux physiciens, c'est que, par suite de la diminution du poids de l'atmosphère vers les grandes altitudes, il se faisait un appel des liquides organiques du centre du corps vers sa surface décomprimée. Un calcul simple montre en effet que sur la surface du corps d'un homme de moyenne taille, l'air du niveau des mers exerce une pression de 15 000 kilogrammes environ; si donc cet homme est transporté à 5 500 mètres de hauteur, là où le baromètre s'est abaissé de moitié, la pression est moitié moindre, et, a-t-on dit, il est déchargé de 7 500 kilogrammes. De là le gonflement des veines de la peau, les congestions, les hémorragies nasales et pulmonaires.

Une semblable théorie, pendant longtemps admise, est dénuée de vraisemblance; elle a été d'ailleurs

1. *Influence de la pression de l'air sur la vie de l'homme.* 2 vol. in-8° illustrés. G. Masson, 1875.

complétement détruite par les travaux de M. Paul Bert, appuyés sur la base solide d'expérimentations rigoureuses. M. Bert a démontré : 1° que la diminution de pression n'est pas la cause des accidents ; 2° que ceux-ci sont dus à une trop faible *tension* de l'oxygène respiré par les hommes ou les animaux qui sont soumis dans l'air ordinaire à une faible pression ; et qu'il suffit par conséquent de quelques inspirations d'oxygène dans un air raréfié pour lutter contre les effets de l'asphyxie. M. Bert n'a pas craint de vérifier sur lui-même les résultats de ses expériences. Il s'est emprisonné dans une cloche métallique où une pompe aspirante faisait le vide ; il a pu supporter à plusieurs reprises des dépressions correspondant à des hauteurs de 7 000 et 8 000 mètres, et là, en proie à l'apathie, à la faiblesse du *mal des montagnes*, il s'est ranimé par l'inspiration du gaz oxygène.

Sivel et Crocé-Spinelli ont, eux aussi, à deux reprises différentes, expérimenté, dans les cylindres d'acier de la Sorbonne, l'action bienfaisante et protectrice de l'oxygène. Enfin, le 22 mars 1874, ils s'élevèrent en ballon à l'altitude de 7 300 mètres, emportant avec eux des ballonnets remplis de mélanges d'air et d'oxygène dans les proportions déduites des expériences de M. Bert.

Ils éprouvèrent au delà de 7 000 mètres les effets du *mal des montagnes*, faiblesse, picotements dans la tête, sensations de compression du front, etc. ; mais ils constatèrent qu' « une inspiration d'oxygène faisait disparaître en grande partie les sensations douloureuses ».

Cette ascension eut une grande importance au point de vue physiologique, en apportant une confirmation nouvelle aux recherches de M. Paul Bert, et en ouvrant la voie aux explorations des hautes régions de l'atmosphère. Elle en eut une autre en ce qui concerne les observations spectroscopiques.

« M. Janssen avait prêté à Crocé-Spinelli un petit spectroscope, en lui indiquant les points à observer. Il s'agissait surtout de savoir ce que devenaient, dans les hautes régions, les deux bandes obscures qui se trouvent à droite et à gauche de la double raie du sodium et qui sont celles de la vapeur d'eau. M. Janssen, qui leur attribue une origine terrestre, pensait que si l'on s'élevait suffisamment haut dans l'atmosphère pour laisser au-dessous de soi presque toute la vapeur d'eau, les bandes devraient devenir tout à fait invisibles. Suivant le P. Secchi, au contraire, qui admet de la vapeur d'eau dans le soleil, les bandes devaient persister. Les observations faites semblent donner raison à M. Janssen [1]. »

Le succès de cette belle entreprise, faite sous les auspices du Ministère de l'Instruction publique, de l'Académie des sciences, et dont il nous est malheureusement impossible d'énumérer tous les résultats, stimula le zèle et l'activité de la *Société française de navigation aérienne*. L'année suivante, grâce au concours de l'Académie des sciences, d'un grand nombre de sociétés savantes et de savants éminents, la *Société de navigation aérienne* organisa une nouvelle campagne d'ascensions scientifiques. Il fut décidé que l'on exécuterait en 1875 deux voyages aériens dans le ballon le *Zénith*, construit par Sivel; l'un de longue durée et l'autre à grande hauteur.

Ces deux ascensions, dont la seconde a été si fatale, sont encore présentes à tous les esprits; nous nous

1. *L'Aéronaute*, 7e année, mai 1874, p. 146.

bornerons à les résumer rapidement. Le premier voyage fut exécuté de Paris le 23 mars 1875, par Crocé-Spinelli, Sivel, Albert Tissandier, Jobert et moi. Le ballon le *Zénith* accomplit brillamment sa mission. Il séjourna dans les airs pendant vingt-trois heures consécutives, dépassant ainsi de beaucoup la durée des plus grands voyages aériens. Les résultats obtenus tant au point de vue aéronautique que météorologique attirèrent l'attention générale. Pendant vingt-trois heures consécutives, les lectures des instruments furent faites régulièrement et sans interruption, un magnifique halo lunaire fut observé, et les phases du phénomène furent fidèlement dessinées par M. Albert Tissandier. On se servit d'un nouvel instrument à faire le point, construit par M. Pénaud, et qui donna des résultats précis. Pendant toute la durée du voyage, on se rendit compte et de la route suivie par l'aérostat et de la vitesse de sa marche. Les expériences exécutées par Crocé-Spinelli offrirent un intérêt particulier. On compléta les observations aériennes par des renseignements obtenus à terre au moyen de papiers questionnaires lancés de la nacelle, et remplis à terre par les habitants qui les renvoyaient au siége de la Société. Sivel profita d'une façon particulièrement remarquable de deux courants superposés, et se mouvant dans des directions différentes sur le rivage de l'Océan que le *Zénith* atteignit après avoir traversé la Garonne à son embouchure, et par l'emploi desquels il put tirer des bordées comme un navire à voile, s'avançant successivement tantôt vers l'Océan, tantôt vers la terre, à des altitudes différentes. Enfin, pour la première fois en ballon, je fis fonctionner dans la nacelle du *Zénith* un appareil de chimie destiné à doser l'acide carbonique de l'air à différentes altitudes, et que j'avais pu construire grâce au précieux concours de M. Hervé-Mangon [1].

Cette ascension eut un grand retentissement; et les encouragements qui nous furent adressés de toute part nous excitèrent à préparer avec un soin scrupuleux la deuxième ascension à grande hauteur. Crocé-Spinelli et Sivel devaient d'abord seuls entreprendre l'expédition; mais, sur mes pressantes instances, Crocé-Spinelli demanda à ce que je fisse partie de l'expédition. M. Hervé-Mangon, président de la Société, et Hureau de Villeneuve, secrétaire général, n'approuvaient pas d'abord ce projet, dans la crainte de priver Sivel de la quantité de lest suffisante pour opérer sûrement la descente. Mais ils se rendirent à nos désirs et cédèrent aux vœux de Crocé-Spinelli.

Je ne parlerai que succinctement des phases terribles de cette ascension fatale, de ce drame, le plus épouvantable que l'aérostation ait jamais eu à inscrire dans ses annales, et qui a si vivement impressionné les esprits. Nous avions l'ambition de dépasser les régions de l'air atteintes jusque-là par nos prédécesseurs, et de rapporter le fruit d'observations nouvelles.

Nous n'ignorions pas que la nature est jalouse de ses secrets et que l'explorateur qui s'élance vers les grandes altitudes, comme celui qui parcourt les déserts de l'Afrique ou les glaciers du pôle, ne peut les lui ravir qu'au prix des efforts les plus énergiques.

Mais il y avait dans la nacelle du *Zénith* deux hommes qui ne connaissaient ni la défaillance ni la faiblesse, et qui savaient inspirer la valeur : Sivel et Crocé-Spinelli. Tous deux avaient au plus haut degré ce superbe courage que fait naître la passion du bien;

1. Voy. *la Nature*. Troisième année, 1875, premier semestre.

tous deux cultivaient la science, non pas pour les applaudissements qu'elle rapporte, mais pour satisfaire aux besoins les plus nobles de l'intelligence.

Voulant tenter de faire quelque chose pour la science, nous avions emprunté des ressources à la science elle-même. Les résultats des travaux physiologiques de M. Paul Bert nous donnaient des armes pour résister au *mal des hautes régions*. Des ballonnets remplis d'oxygène allaient nous fournir le gaz comburant nécessaire à l'entretien de la vie.

Mais nous comptions sur un ennemi qui se fait voir pour le combattre et non sur une action insensible, lente, perfide, qui affaiblit le corps sans que l'esprit puisse en avoir conscience, qui arrache à l'âme ses facultés d'une façon graduelle, comme pour frapper plus sûrement le coup de mort.

C'est au delà de 7 300 mètres, c'est-à-dire au delà des régions atteintes par Robertson, par Gay-Lussac, par MM. Barral et Bixio, que la trop faible tension de l'oxygène dans l'air raréfié a exercé sur nous cette funeste influence. C'est à 8 000 mètres que l'asphyxie est devenue menaçante et que l'immobilité nous a saisis. Les tubes adducteurs de l'air vital n'ont pu être soulevés par nos mains paralysées. Nous sommes tombés comme frappés d'un coup de foudre à côté de 'appareil qui nous assurait le salut.

Cette nacelle du ballon le *Zénith*, où régnaient tout à l'heure la joie, l'enthousiasme, l'espérance, va devenir le théâtre de la scène la plus épouvantable que l'on puisse imaginer. A 8 600 mètres d'altitude, par un froid de plus de 10° au-dessous de 0, au milieu d'un air sec et raréfié, où la colonne barométrique n'a plus que 26 centimètres, les trois voyageurs sont évanouis, étendus au fond de l'esquif aérien. Si quelque observateur pouvait les voir, il croirait peut-être qu'ils sont endormis et qu'ils se reposent des fatigues de la route... Ils sommeillent en effet; mais tout à l'heure il n'y en aura plus qu'un seul à se réveiller, un seul pour soulever ses amis que la mort a frappés, pour toucher leurs mains désormais froides, pour les ramener au port où le tombeau les attend.

On n'a pas oublié l'émotion poignante que fit naître partout ce drame sanglant.

« C'est que, comme l'a dit éloquemment M. Paul Bert, tout, dans cette double mort, est étrange et sublime. Certes, Sivel et Crocé-Spinelli ne sont pas les premiers aéronautes dont la science ait à déplorer la perte; leurs noms sont les derniers d'une liste en tête de laquelle brillent les noms de deux autres savants : Pilâtre de Rozier et Romain, qui se brisèrent, en 1785, sur la plage de Boulogne. Mais la mort qui avait frappé ces aéronautes était une mort connue, prévue, vulgaire en quelque sorte; une mort à laquelle chacun avait pensé, que chacun avait redoutée, depuis le jour où parut dans les airs la machine des Montgolfier : c'était la chute, ils étaient morts en tombant. Mais ici, pour la première fois, on voyait deux hommes mourir au sein même des airs, et mourir en montant! »

Ces paroles de M. Bert étaient prononcées à un grand meeting organisé par le regretté Athanase Coquerel en faveur des victimes du *Zénith*. Nous terminerons ce qui est relatif à cette catastrophe en citant quelques-unes de celles qu'il nous a été donné de faire entendre :

« Pleurons, messieurs, disions-nous après avoir raconté l'ascension fatale, pleurons sur une tombe à peine fermée, pleurons deux soldats de l'Idée, qui honorent la science et qui honorent leur pays. Mais quand nos larmes auront séché, sachons imiter le dévouement dont ils nous ont donné l'exemple; sachons comme eux relever la tête, quand il s'agira de livrer bataille au monde matériel, pour remporter ces victoires qui accroissent le domaine de la vérité, qui fournissent des matériaux au monument de la science, d'où s'échappent les découvertes utiles et les applications fécondes. Celui qui fut le compagnon de Crocé-Spinelli et de Sivel, et qui échappa comme par miracle à la catastrophe du *Zénith*, celui-là, croyez-le bien, saura se montrer toujours digne d'avoir été leur ami.

« La mort des héros, loin d'éteindre le feu de l'héroïsme, lui a toujours apporté, au contraire, comme de nouveaux aliments : les explorateurs qui tombent au champ d'honneur, loin d'arrêter l'essor du progrès, lui donnent des ailes, et l'entraînent en mourant, plus haut encore. Le trépas des Franklin et des Belot n'a pas empêché les voyages au pôle. La mort des Crocé-Spinelli et des Sivel ne retardera pas la conquête de l'atmosphère. Elle imprimera, au contraire, un vigoureux élan à l'aérostation, à ce grand art, essentiellement français, qui pendant la paix ouvre au génie des horizons toujours nouveaux, et qui, à l'heure de la guerre, fournit à la Patrie de fécondes et puissantes ressources. »

Nous ne terminerons pas ce chapitre sur les applications scientifiques des aérostats sans répondre à certaines objections, à certaines critiques empreintes d'ignorance ou d'hostilité à l'égard de l'aéronautique. A quoi servent les explorations en ballon? A quoi bon risquer sa vie dans les hautes régions de l'atmosphère? Quels services les ballons ont-ils rendus jusqu'ici? Fourniront-ils jamais à la science des résultats importants? Telles sont les questions qui n'ont pas manqué d'être faites et qui se font souvent encore. Y répondre victorieusement est une entreprise facile.

Nous ne croyons pas devoir insister longuement sur les immenses services que la météorologie est susceptible de rendre aux sociétés. Sans nous étendre

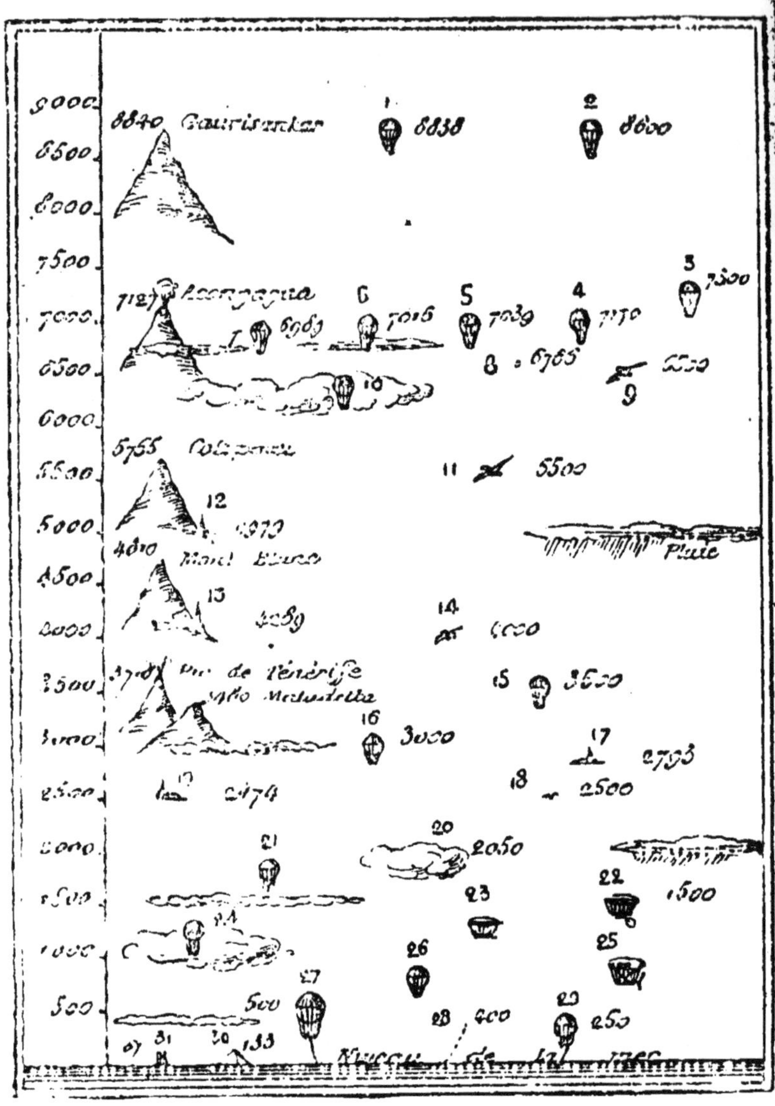

Tableau comparatif des plus hautes montagnes du globe et des grandes ascensions.

EXPLICATION DE LA GRAVURE CI-CONTRE :

1. **Ascension de Glaisher et Coxwell à 8 838 mètres. 15 septembre 1862. (Évanouissement de Glaisher, paralysie de Coxwell.)**
2. **Ascension du ballon le *Zénith* à 8 600 mètres, par Crocé-Spinelli, Sivel et Gaston Tissandier. 15 avril 1875. (Mort de Crocé-Spinelli et Sivel, évanouissement de Gaston Tissandier.)**
3. **Crocé-Spinelli et Sivel. 7 300 mètres. 22 mars 1874.**
4. **Robertson et Lhoëst. 7 170 mètres. 18 juillet 1803.**
5. **Barral et Bixio. 7 039 mètres. 27 juillet 1850.**
6. **Gay-Lussac. 7 016 mètres. 16 septembre 1809.**
7. **Welsh. 6 989 mètres. 10 novembre 1852.**
8. **Ascension dans l'Himalaya, à 6 766 mètres, par Schlagintweit frères. 18 août 1855.**
9. **6 500 mètres. Vol du vautour et du condor.**
10. **Nuage à glace observé par MM. Barral et Bixio. — 30°.**
11. **Vol de l'aigle, 5 500 mètres.**
12. **Le plus haut village du monde, à 4 979 mètres, au Tibet.**
13. **4 289 mètres. Ville de Portugalète. en Bolivie.**
14. **Vol du milan et du faucon, 4 000 mètres.**
15. **Hauteur maximum des ascensions ordinaires, 3 500 mètres.**
16. **Ascension de Charles, 1er décembre 1783, 3 000 mètres.**
17. ***Treasure City*, aux États-Unis, 2 793 mètres.**
18. **Vol de l'hirondelle, 2 500 mètres.**
19. **Hospice du grand Saint-Bernard, 2 474 mètres.**
20. **Formation des cristaux de neige (Tissandier frères, 2 050 mètres).**
21. **Hauteur moyenne des ascensions ordinaires, 2 000 mètres.**

22 et 23. **Ballons dirigeables à vapeur de M. Henri Giffard, expérimentés en 1852 et en 1855.**

24. **Nuage à glace observé par Tissandier frères, février 1873.**
25. **Ballon dirigeable à moteur animé, de M. Dupuy de Lôme. Février 1872.**
26. **Montgolfière ou ballon à air chaud.**
27. **Ballon captif de Londres, 500 mètres, 32 voyageurs, construit par H. Giffard. 1869.**
28. **Hauteur à laquelle porte une balle de chassepot, 400 mètres.**
29. **Ballon captif de l'Exposition de 1867, 250 mètres, 12 voyageurs.**
30. **Grande pyramide d'Égypte, 133 mètres.**
31. **Tours de Notre-Dame. Paris. 67m.20.**

en longs arguments, nous ne prendrons que des faits incontestables. Un grand savant et un grand météorologiste, Maury, eut l'idée de recueillir et de compulser les observations faites sur la pression barométrique, sur la direction et l'intensité des vents à la surface de la terre entière, et cela au moyen des livres de bord de tous les navires qui sillonnent l'étendue des mers. Il fit appel à toutes les nations civilisées et, avec leur concours, il rédigea des cartes où il avait pu grouper la direction des courants, des vents moyens observés sur une même région. Grâce à ces cartes et à la connaissance des vents régnants, le voyage de Baltimore à l'équateur, qui demandait une moyenne de *quarante et un jours*, fut réduit à *vingt-quatre jours*, et ainsi de même pour d'autres traversées. Suivant le proverbe anglais, on sait que le temps est de l'argent; par conséquent, les résultats scientifiques de l'ordre de ceux que nous venons d'énumérer, en économisant le temps, sont une source de fortune et de richesses publiques. Je n'ai choisi que cet exemple parce qu'il est frappant, mais il serait facile d'en trouver d'autres. Nul ne peut nier que la connaissance des lois météorologiques n'ait pour tout le monde le plus grand intérêt. Or les notions ne peuvent s'acquérir à ce sujet que par l'étude de l'atmosphère. On est arrivé déjà à des résultats importants, en étudiant seulement les couches d'air qui baignent la surface de la terre. Que sera-ce quand on connaîtra bien les couches d'air des hautes régions, où, comme nous le disions au début de ce chapitre, se forment les météores? Vouloir nier qu'il n'y a pas de grands résultats à obtenir par l'exploration méthodique de l'atmosphère, c'est nier l'évidence.

Quant à ce qui concerne les ascensions à de grandes altitudes, on doit y attacher une importance de premier ordre ; les difficultés et les dangers qui semblent entourer le but à atteindre ne doivent pas arrêter ceux qui ont l'ambition de tenter les grandes et utiles entreprises. Quand bien même une ascension vers de hautes régions n'amènerait pas de résultats immédiats, elle n'en doit pas être moins considérée comme une belle expérience, et le seul fait d'avoir dépassé les limites précédemment atteintes est une œuvre glorieuse, car celui qui a franchi des bornes inaccessibles avant lui, ouvre la voie à des successeurs qui les dépasseront encore ou qui y séjourneront plus longtemps, pour y recueillir le fruit d'observations ou d'expériences. Les applications de la science, chemins de fer, télégraphe électrique, photographie, métallurgie, arts industriels, sont, ne l'oublions pas, les résultats directs de recherches purement scientifiques, qui dérivent elles-mêmes de l'étude de la nature, du monde matériel qui nous entoure. Étudier la nature, explorer le monde matériel, aller là où nul homme n'a été auparavant, c'est étendre le domaine de nos investigations, c'est faire quelque chose pour la science, c'est travailler à l'utile, au bien de l'humanité.

Les résultats obtenus par les ballons au point de vue météorologique n'ont pas jusqu'ici apporté des lois nouvelles à la science ; mais, comme nous l'avons dit, les ascensions réellement scientifiques se comptent par douzaines seulement, depuis la découverte des ballons. En outre, il serait injuste d'oublier que les ascensions ont fourni des notions importantes sur la décroissance des températures et de l'humidité de l'air avec l'altitude, sur la constitution des nuages et surtout des nuages à glace, sur la superposition des courants aériens de nature et de direction différentes sur des phénomènes lumineux, sur la vitesse des vents dans les hautes régions, etc. Si l'art de l'aérostation scientifique est en enfance, en se développant il est certainement appelé à fournir le plus puissant concours à une science encore à créer : la science de l'air. Ajoutons en dernier lieu que le savant qui étudie l'atmosphère, à l'aide du ballon, apprend à manier et à connaître le ballon lui-même, admirable machine susceptible de bien des perfectionnements et destinée à être transformée dans un avenir peut-être proche en un navire dirigeable, sillonnant au gré du pilote les immensités de l'atmosphère, comme le bateau parcourt aujourd'hui les immensités de l'océan[1].

1. La *Société de navigation aérienne,* nous en avons la foi profonde, continuera à apporter à la météorologie les plus sérieux résultats ; et nous espérons que M. Duté-Poitevin, le digne beau-frère de M. Sivel, marchera sur les traces de son noble parent. M. Duté-Poitevin a exécuté déjà en Italie et en Hollande un grand nombre de belles ascensions, où il a donné les preuves de son savoir-faire ; il s'est mis avec son matériel à la disposition de la *Société.* Cet habile aéronaute est le fils de Mme Poitevin qui a illustré son nom par un grand nombre de remarquables voyages aériens.

CHAPITRE VI

LA DIRECTION DES AÉROSTATS ET LA NAVIGATION AÉRIENNE

Le grand problème de la direction des aérostats a préoccupé les esprits depuis le premier jour de leur découverte. A peine l'expérience d'Annonay a-t-elle lieu que l'on voit surgir de toutes parts d'innombrables projets; mais la plupart sont uniquement basés sur de simples aperçus, sans qu'il soit tenu compte en aucune façon ni des résistances, ni des poids des machines, ni même souvent de la description de leurs organes. Dès l'origine des ballons, la question a été cependant envisagée par des hommes supérieurs, et la plupart, à cette époque, n'ont pas craint d'affirmer que tout semblait annoncer la possibilité de diriger les aérostats. « On sent que tous les usages du ballon se multiplieront, lorsque cette machine aura été perfectionnée, et même qu'ils deviendront d'une tout autre conséquence si on parvient jamais à la diriger, comme tout semble en annoncer la possibilité [1]. » Meusnier,

1. *Rapport fait à l'Académie des sciences*, par Lavoisier, Condorcet, etc., 23 décembre 1783.

Monge, Lalande, Guyton de Morveau, ont avancé les mêmes espérances. Il est d'ailleurs probable que, dès l'origine de la découverte, on envisageait surtout le problème au point de vue théorique et qu'on le considérait comme facile à résoudre, sans bien se rendre compte qu'il n'y a pas là un principe à trouver, mais seulement d'innombrables difficultés de détails et de construction à vaincre. Sauf de bien rares exceptions, les tentatives de direction des aérostats ne furent entreprises que d'une façon si grossière, si ridicule, si insuffisante, qu'elles ne valent même pas la peine d'être examinées. Hormis les expériences de Guyton de Morveau, qui, tout incomplètes qu'elles sont, n'en ont pas moins été conçues par un esprit émérite, qui envisagea sérieusement quelques parties du problème, nous ne trouvons dans la longue histoire de l'aérostation que des essais puérils et indignes d'être discutés. Des rêveurs ignorants munissent l'aérostat de voiles, sans se rendre compte qu'il se déplace avec la masse d'air où il est immergé, sans savoir que le vent n'existe pas en ballon quand il se meut horizontalement, et que des voiles resteront toujours à l'état de lambeaux qu'une brise ne gonflera jamais. D'autres proposent des systèmes extravagants où les rêves d'une imagination affolée tiennent lieu de base véritablement sérieuse et scientifique.

Les hommes intelligents, les ingénieurs, les physiciens, les savants, abandonnent peu à peu la cause des aérostats, tombée entre les mains de rêveurs et d'utopistes ; par moments, des Deghen ou des Petin ont le privilége d'attirer l'attention de la foule, mais leurs échecs, que les hommes compétents peuvent facilement prévoir, n'en contribuent pas moins à donner aux yeux du public une apparence de confirmation à l'opinion de ceux qui nient la possibilité de diriger les aérostats.

Il faut arriver en 1852 pour rencontrer des expériences d'une importance capitale conçues par une intelligence d'élite et par un grand mécanicien qui devait jeter les véritables bases de la navigation aérienne. En 1852, M. Henri Giffard, le futur inventeur de l'injecteur qui porte aujourd'hui son nom, après de longues et persistantes méditations sur ce grand problème, comprit d'abord qu'il fallait, pour diriger un aérostat, modifier sa forme sphérique. « Que faire, dit le savant ingénieur, pour réduire au minimum la résistance du milieu, ou, en d'autres termes, pour faciliter au plus haut point le passage de cette masse à travers l'atmosphère? La réponse se fait naturellement... Il faut donner au volume gazeux le plus grand allongement possible dans le sens de son mouvement, de telle sorte que l'étendue transversale qu'il offre et de laquelle dépend en grande partie la résistance soit diminuée dans la même proportion [1]. »

Dès 1852, M. Giffard avait construit un aérostat allongé qui cubait 2 400 mètres. Le premier navire aérien avait 44 mètres de longueur et 12 mètres de diamètre au milieu. Un filet l'entourait et servait de support à une traverse horizontale de bois qui portait à son extrémité une espèce de voile triangulaire formant gouvernail. La nacelle, attachée à la traverse de bois, consistait en un châssis où se fixaient la machine à vapeur et tous ses accessoires. Celle-ci faisait mouvoir une hélice motrice qui pouvait faire cent

1. *Application de la vapeur à la navigation aérienne.* Copie du brevet pris en France, à Paris, le 20 août 1851, par M. Henri Giffard. Une brochure in-4° avec planches.

dix tours à la minute; la force développée pour la faire tourner était de trois chevaux, ce qui représente celle de vingt-cinq à trente hommes.

L'expérience s'exécuta le 26 septembre 1852. Le ballon, conduit par M. Giffard, s'éleva pour la première fois au sifflement aigu de la vapeur; arrivé à une certaine hauteur, il pivota sous le jeu de son gouvernail; il se maintint dans un état de stabilité absolue

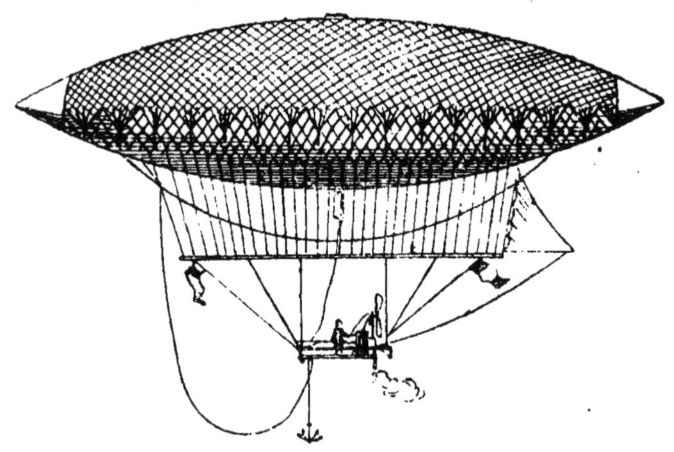

Le ballon dirigeable à vapeur de M. H. Giffard (1852).

au sein de l'atmosphère; il se dévia sensiblement de la ligne du vent. Sa vitesse de transport en tous sens était de 2 à 3 mètres par seconde. Celle du vent, ce jour-là, était de beaucoup supérieure; l'inventeur savait d'après ses calculs qu'il ne pouvait obtenir la direction absolue.

A dater de ce moment, nous ne saurions trop le répéter, le principe de la direction des aérostats était créé. M. Giffard, avec une puissance de conception qui ne se rencontre que chez l'innovateur, avait résolu un grand nombre de difficultés. Il venait de prouver que l'emploi d'un aérostat allongé, qui est le seul dont on puisse espérer la direction, était aussi avantageux que possible, par sa stabilité dans l'air, par la facilité de son atterrissage. Il a pu, pour la première fois, faire dévier le ballon de la ligne du vent. Pour la première fois enfin, il a associé ces deux forces, la machine à vapeur et l'aérostat; grâce aux dispositions nouvelles d'un foyer à flamme renversée, le danger de cette union terrible du feu et du gaz combustible venait d'être rendu illusoire.

En 1855, M. Henri Giffard avait construit un second navire aérien plus grand, plus allongé encore; il cubait 3 200 mètres, et était muni d'une machine à vapeur plus puissante. Il s'éleva de l'usine de Courcelles, et, malgré la fatale violence du vent lors de cette deuxième expérience, les spectateurs virent par instants le navire aérien tenir tête au courant aérien, qui devait cependant l'entraîner encore.

Pourquoi de tels aérostats ne se sont-ils pas dirigés d'une manière absolue? Parce que leur vitesse propre était de 3 à 4 mètres par seconde, et que celle du vent était supérieure. Mais donnez au navire aérien une vitesse propre de 10 mètres, de 15 mètres à la seconde, c'est-à-dire supérieure à celle des vents moyens; il remontera les courants d'intensité moyenne. Est-il possible de munir l'aérostat de machines à vapeur assez puissantes pour obtenir ce résultat? Il suffit de lui donner un volume plus considérable, car, d'après les principes de la géométrie, on sait que la surface des aérostats ne croît pas proportionnellement avec leur volume. Plus le ballon est volumineux, c'est-à-dire plus il peut enlever de poids, et plus sa surface est relativement petite. En d'autres termes, plus le navire aérien est grand et puissant, plus la résistance que lui oppose l'air est faible. Au lieu de construire un ballon allongé de 2 000 à 3 000 mètres cubes, il en faudrait confectionner un de 20 000 à 30 000 mètres cubes. Dans ce dernier cas, il aura une force ascensionnelle considérable ; en effet, s'il est gonflé d'hydrogène pur, il pourra enlever un poids de 20 000 kilogrammes, en supposant qu'il pèse lui-même 10 000 kilogrammes environ. Le moteur puissant dont il pourra être muni, dans ces

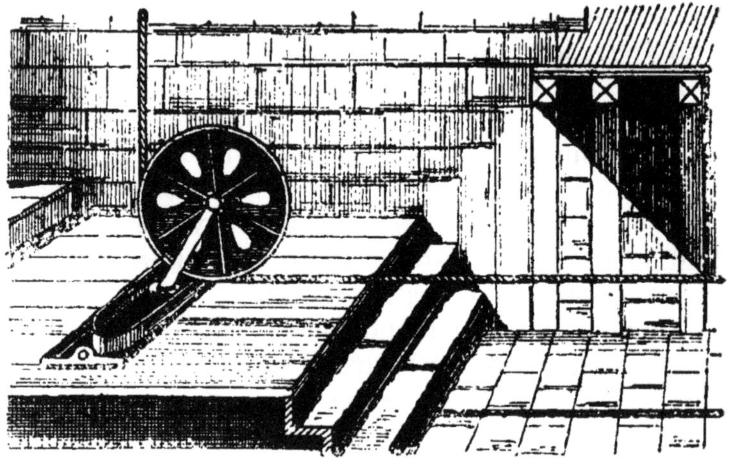

Poulie de fer du ballon captif de Londres.

circonstances, lui assurera évidemment la direction dans tous les sens.

Il n'y a ici nulle difficulté théorique, mais il s'en présente plusieurs des plus importantes dans la pratique. Il faut, pour un tel aérostat, un tissu solide, imperméable ; du gaz hydrogène préparé par une méthode prompte et économique : en un mot, il faut, pour le construire, changer de toutes pièces l'art de la confection des ballons. C'est ce que M. Giffard a compris. En s'engageant dès 1855 dans la voie de ces perfectionnements indispensables, il a su résoudre les problèmes qui mènent au ballon dirigeable : solidité du tissu ; préparation en grand du gaz hydrogène[1].

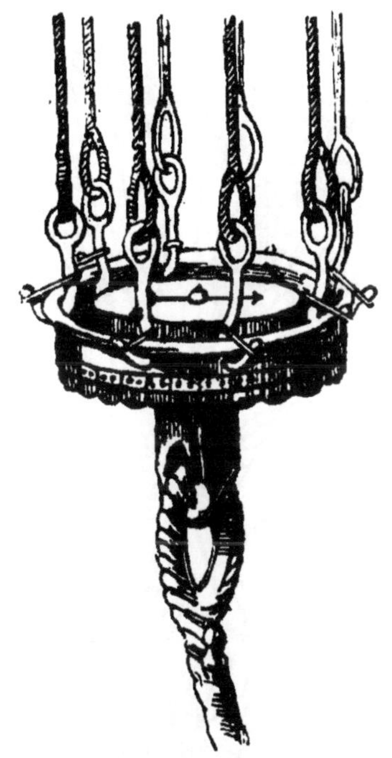

Peson du ballon captif de Londres reliant l'aérostat à son câble

Pour s'exercer à ces modes de constructions aérostatiques nouvelles, il a créé les ballons captifs à va-

1. M. Giffard a créé un magnifique appareil pour préparer l'hydrogène par un procédé nouveau et très-économique. Le système consiste à réduire du minerai de fer par un courant d'oxyde de carbone, à décomposer de la vapeur d'eau, par le fer isolé à la surface du minerai réduit. On réduit de nouveau le fer réoxydé par cette dernière opération qui a isolé l'hydrogène de l'eau et ainsi de suite alternativement. Par cette méthode ingénieuse, l'hydrogène pourrait s'obtenir au prix de quelques centimes le mètre cube.

peur, dont le public a pu admirer les dispositions et le mécanisme à l'Exposition universelle de Paris en 1867.

En 1869, M. Giffard construisait à Londres un nou-

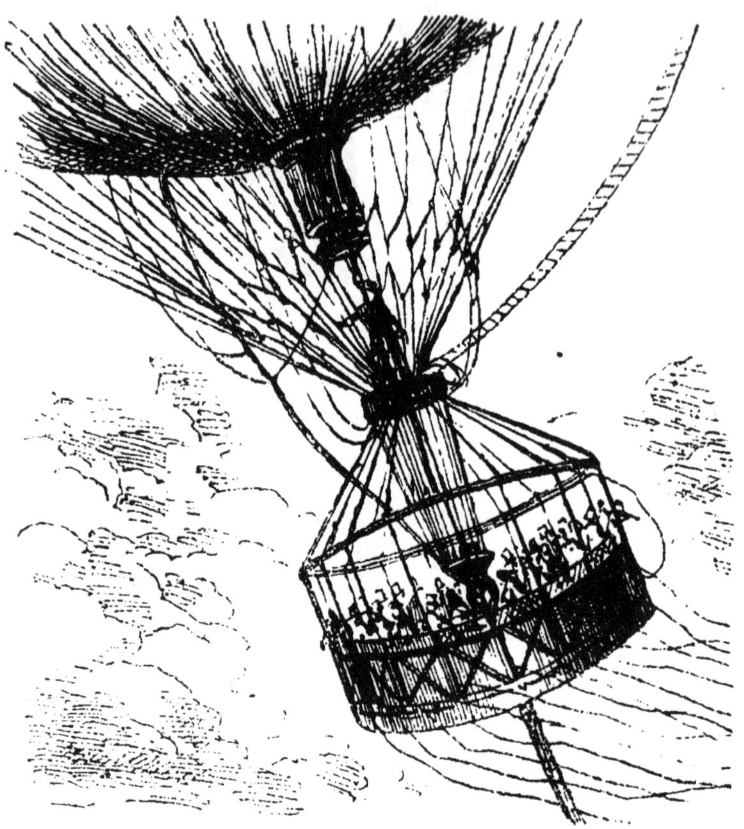

Vue de la nacelle du ballon captif de Londres de M. Henri Giffard.

vel aérostat captif, qui atteignait des dimensions prodigieuses. Ce ballon, le plus grand globe aérien qui ait jamais été confectionné, ne cubait pas moins de 12 000 mètres. Il était situé au centre d'une charpente circulaire de 20 mètres de haut. Ce magnifique appareil enlevait dans l'espace 32 voyageurs, à 650 mètres d'altitude, retenus à terre par un câble de 4 000 kilogrammes. La corde où était attaché ce Léviathan de l'air s'engageait dans la gorge d'une poulie de fer, et s'enroulait autour d'un treuil de fonte que mettait en mouvement une machine à vapeur de 150 chevaux. L'étoffe du ballon de Londres, formée de feuilles de caoutchouc et de tissus de

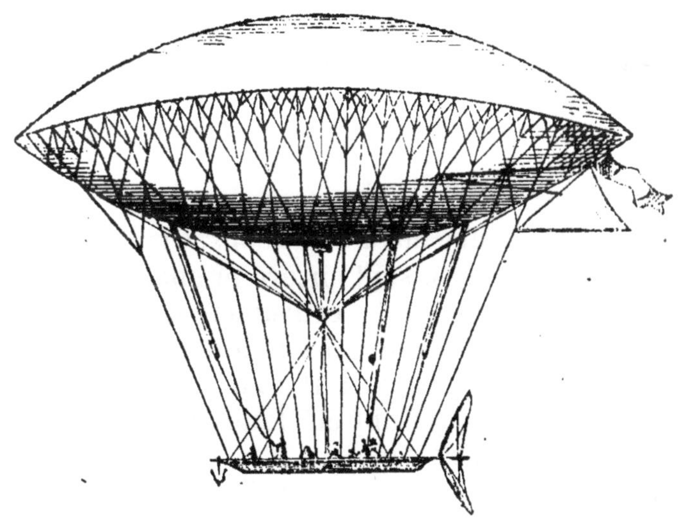

Le ballon dirigeable à moteur animé de M. Dupuy de Lôme (1871).

toile, superposés alternativement, était recouverte extérieurement d'une mousseline enduite d'un vernis imperméable. Les 12 000 mètres cubes d'hydrogène pur, emprisonnés dans ce gazomètre sphérique, ont pu y séjourner plus d'un mois sans déperdition.

On voit que désormais la construction de navires aériens gigantesques n'offre plus d'obstacles insurmontables. Il suffirait d'employer ces nouveaux et puissants moyens de confection pour mettre au jour un aérostat allongé de grande dimension analogue à celui qui a sillonné l'espace en 1852. La solution du grand problème de la navigation aérienne ne nécessite plus aujourd'hui la découverte d'un principe. C'est ce que M. Dupuy de Lôme a compris récemment en reprenant les expériences de M. Giffard, en construisant un vaisseau aérien dont le public s'est si vivement préoccupé. Il est à regretter que le ballon de l'illustre constructeur des navires cuirassés n'ait pas été plus volumineux, plus allongé et n'ait pas été muni d'un moteur à vapeur. Espérons que ces belles expériences seront prochainement reprises, et qu'il sera donné à l'homme de prendre véritablement possession de l'empire de l'air !

Il est probable qu'un certain nombre de nos lecteurs trouveront que nos affirmations, sur la direction des aérostats allongés, sont encore prématurées ; mais nous espérons arriver à les convaincre qu'il n'y a rien qui ne soit rigoureusement évident dans tout ce que nous avons avancé jusqu'ici. Il nous suffira de répondre aux objections qui ont été faites à la navigation aérienne par les aérostats.

« Les ballons, a-t-on entendu dire bien souvent, ne peuvent pas se diriger dans l'air, parce qu'ils ne trouvent pas de point d'appui. » Rien n'est plus contraire à la vérité. En effet, un ballon immergé dans l'atmosphère peut être assimilé à un bateau sous-marin entièrement immergé dans l'eau. Personne ne met en doute qu'un bateau sous-marin, muni d'un puissant moteur et d'une hélice, ne puisse facilement remonter des courants océaniques. Le ballon allongé remontera de même des courants aériens, si la vitesse de ceux-ci est inférieure à celle que l'appareil recevra de son moteur. Il est vrai que les courants aériens, que les vents, en un mot, atteignent parfois des vitesses considérables qui dépassent 20 mètres et même 30 mètres à la seconde. Nous ne prétendons pas que dans ces conditions atmosphériques, généralement rares, le navire aérien puisse se diriger dans tous les sens. Mais s'il a une vitesse propre de 10 mètres ou 12 mètres à la seconde, il lui sera possible, même dans ces circonstances défavorables, de se dévier sensiblement de la ligne du vent et de se diriger par conséquent sinon en suivant une route droite, au moins en décrivant, une série de zigzags. La question du point d'appui est étrangère à cette insuffisance relative dans certaines conditions. Le navire aérien pourvu d'un moteur trouve son point d'appui dans l'air même, comme le navire sous-marin le trouve dans l'eau. Les deux cas sont comparables entre eux. La seule différence qu'on y constate est celle qui se rapporte à la densité des milieux. Mais dès l'instant que nous avons l'aérostat qui flotte dans l'air, nous pouvons le diriger dans l'air, de la même façon que le navire sous-marin, flottant dans l'eau, peut se diriger dans l'eau.

« Les aérostats allongés, dit-on quelquefois encore, doivent atteindre de très-grandes proportions : en théorie, cela est facile de les concevoir; mais est-il bien possible de les construire en pratique? » Nous répondrons à ceci : M. Giffard a construit des ballons imperméables gonflés à l'hydrogène pur et cubant jusqu'à 12 000 mètres cubes. Il les a faits de forme ronde, parce qu'il les destinait à des ascensions captives, mais il n'y avait qu'à modifier la coupe de l'étoffe pour leur donner une forme allongée. Il n'est pas un instant permis de mettre en doute aujourd'hui la possibilité de construire un navire aérien de 20 000, de 30 000 mètres cubes et même plus. Cela est absolument démontré par l'expérience. Dans ces conditions, la machine motrice que l'on enlèverait pourrait atteindre le poids de quelques milliers de kilogrammes. Elle serait d'une puissance considérable, et sans donner ici des chiffres que tout le monde peut calculer et vérifier, elle assurerait facilement à l'aérostat une vitesse propre de 8 à 12 mètres par seconde. Ce navire aérien se dirigerait d'une façon absolue, au milieu de courants aériens de vitesse moyenne, c'est-à-dire plusieurs mois dans l'année. Nous ajouterons qu'il y a dans de telles constructions des difficultés sérieuses, — cela est incontestable, — mais elles ne sont pas de nature à apporter, en aucune façon, des obstacles insurmontables.

Parmi les autres objections, nous en citerons quelques-unes qui traitent des questions secondaires : «Le moteur à vapeur, dit-on, brûlera constamment du charbon qui se perdra dans l'atmosphère sous forme de gaz acide carbonique, oxyde de carbone, produits de la combustion. Le navire aérien perdra constamment de son poids. » Cela est vrai, mais on peut atténuer cet inconvénient en utilisant comme combustible l'hydrogène contenu dans l'aérostat et que l'on serait obligé de perdre pour éviter l'ascension du navire aérien ; on peut condenser la vapeur d'eau de la chaudière, pour n'en perdre que des quantités insignifiantes, etc. Quoi qu'il en soit, le navire aérien ne fonctionnera dans l'air que pendant un temps limité; mais ce temps sera assez considérable pour entreprendre, pendant 12 heures ou 24 heures même, des voyages importants. Pour des pérégrinations au long cours, il est évidemment nécessaire d'envisager la construction de ports d'atterrissage où le navire aérien s'approvisionnera tout à la fois d'hydrogène et de charbon. Mais ne dépassons pas le présent au delà de toute mesure, et contentons-nous d'avoir *démontré la possibilité de construire*, avec les *ressources actuelles, un navire aérien capable d'être dirigé dans tous les sens par un temps relativement calme, et pendant une durée de quelques heures.* Oui, nous le répétons avec une conviction profonde et sur la foi des expériences déjà faites, une telle construction peut être exécutée dès à présent, quand on le voudra.

Ici nous serons conduit à une dernière objection que le lecteur ne manque certainement pas de se faire : « Pourquoi la construction d'un navire aérien dirigeable ne s'exécute-t-elle pas, puisque cela est possible ? » Parce que, répondrons-nous, elle nécessite la dépense de quelques centaines de mille francs, en comprenant les frais d'inévitables tâtonnements, d'essais préliminaires, etc. Il est très-facile de trouver des capitaux pour des entreprises commerciales ou industrielles dont les bénéfices sont assurés : pour la construction, par exemple, de chemins de fer, de bateaux à vapeur qui transportent des voyageurs, des marchandises, et qui rapportent l'intérêt du capital et au delà; pour la fondation d'une usine qui promet de gros bénéfices, etc. Mais le premier navire aérien ne pourra être qu'un appareil de démonstration scientifique, et il faut cependant qu'il coûte très-cher, parce qu'il est indispensable qu'il soit très-volumineux. On ne peut pas le construire sur un petit modèle, comme le premier bateau à vapeur de Fulton ; il faut qu'il naisse *Léviathan*, il faut qu'il contienne 30 000 francs d'hydrogène pur dans ses flancs [1], formés de 40 000 francs de tissus ; il faut qu'il enlève un moteur d'un prix très-élevé : s'il est, en effet, de dimensions modestes, s'il ne cube que 2 000 à 3 000 mètres cubes

1. L'hydrogène pur préparé par voie humide, au moyen de la méthode ordinaire, revient au moins à 1 franc le mètre cube.

comme les ballons ordinaires, il sera condamné à l'impuissance. Voilà l'objection sérieuse. Voilà ce qui arrête la construction du navire aérien. Mais là où il n'y a plus qu'affaire d'argent, on peut raisonnablement dire qu'il n'y a pas impossibilité.

Nous ne croyons pas devoir terminer ce chapitre sans examiner les conséquences de la construction d'un navire aérien dirigeable. Elles seront considérables.

Le navire aérien flottant dans un milieu d'une faible densité ne pourra jamais se comparer aux bateaux, quant au poids qu'il lui sera possible de transporter, et encore moins aux chemins de fer sur lesquels glissent des trains chargés de milliers de tonnes; mais il pourra servir au transport rapide de certaines marchandises précieuses, ou à celui des voyageurs. Avec lui, il n'y aura plus de barrières à la surface des continents. Le pôle nord n'aura plus de mystères; les déserts de l'Afrique, les forêts de l'Australie s'ouvriront.

L'air, parcouru sur de grands espaces, ne tardera pas à être étudié comme l'océan. On y révélera les lois de ses mouvements, et la connaissance des courants ne manquera pas d'être utilisée dans les voyages atmosphériques au long cours.

Le navire aérien doit être considéré enfin comme l'engin de guerre le plus terrible qu'on puisse imaginer, puisque les frontières naturelles ou les forteresses ne l'arrêteront pas, et qu'il sèmera impunément la mort et l'incendie sur sa route. Nul ne saurait prévoir les conséquences de cette arme formidable mise entre les mains des nations. N'abandonnons pas toutefois l'espérance de voir un jour les développements du progrès inaugurer l'ère de la paix et de la concorde.

CHAPITRE VII

LA LOCOMOTION AÉRIENNE ET LES APPAREILS DE VOL MÉCANIQUE

Dans tous les temps, les hommes ont pu concevoir l'idée de voyager dans l'atmosphère au moyen d'appareils mécaniques. Mais la plupart des projets qui ont été proposés ne méritent pas qu'on s'y arrête, tellement ils s'éloignent des règles les plus élémentaires de la physique. Le *Journal des savants* du 13 septembre 1768 nous parle des ailes d'un nommé Le Besnier, qui étaient attachées chacune à un châssis oblong que l'on devait faire mouvoir avec les mains et les pieds. Plus tard, nous voyons Blanchard publier des projets tout à fait ridicules et insuffisants. Dans ces derniers temps, nous avons vu l'infortuné de Groof périr misérablement (9 juillet 1874), en se séparant d'un ballon qui l'avait enlevé avec un châssis muni de deux ailes qu'il devait faire agir. Les plus simples calculs démontrent que des ailes capables de soutenir dans l'air le poids d'un homme exigeraient, pour être mises en mouvement d'une manière efficace, des efforts bien supérieurs à ceux que l'homme le plus vigoureux est susceptible de produire.

La force de l'homme étant jugée insuffisante, on s'est demandé si des machines légères et puissantes ne seraient pas capables de faire mouvoir des ailes ou d'imprimer un mouvement de rotation à des hélices, de manière à pouvoir élever le mécanisme et son moteur. Ce principe a été popularisé par M. Nadar et par quelques savants qui s'étaient occupés depuis longtemps de l'aviation, parmi lesquels nous citerons MM. de La Landelle, Ponton d'Amécourt et Babinet. Babinet affirmait que la direction des ballons était une chimère, une utopie, mais il parlait du ballon rond et non du ballon allongé. D'ailleurs Babinet, ne l'oublions pas, affirmait avec non moins d'énergie que la pose d'un câble électrique au fond de l'Océan était une folie, une œuvre insensée, ce qui n'empêche pas les dépêches électriques de franchir aujourd'hui les mers, entre le Nouveau-Monde et l'ancien continent, et bientôt autour du globe tout entier. M. Nadar, avec une ardeur peu commune, construisit le ballon le *Géant*, au moyen duquel il voulait recueillir, par les spectacles publics de grandes ascensions, les fonds nécessaires à l'exécution d'une machine aérienne plus lourde que l'air et s'élevant à l'aide d'une hélice. L'histoire du *Géant*, le voyage dramatique du Hanovre, ont fourni une page curieuse aux annales de l'aérostation, mais l'aviation n'en a pas reçu de nouveaux progrès.

Depuis plusieurs années, la question a été reprise sous une autre face, en France et à l'étranger, par quelques savants éminents qui se sont adonnés à l'étude physiologique et mécanique du vol des oiseaux et des insectes. Nous citerons surtout en France les remarquables travaux de M. le docteur Marey, professeur au Collége de France, qui, à l'aide d'appareils d'enregistrement nouveaux et ingénieux, a jeté sur la question de l'étude du vol une vive et féconde lumière. Dans un ordre d'idées plus pratique et se rattachant plus spécialement à l'aéronautique, nous parlerons enfin des travaux de plusieurs membres de la *Société française de navigation aérienne,* et surtout de ceux qui ont été exécutés par M. A. Pénaud et par le docteur A. Hureau de Villeneuve et Crocé-Spinelli. — Les résultats obtenus par ces savants ont été récemment couronnés par l'Académie des sciences, qui a sanctionné leur importance. M. A. Pénaud a construit de véritables oiseaux artificiels qui se soutiennent mécaniquement dans l'atmosphère. Il peut être considéré comme le meilleur juge dans cette question de l'aviation ; aussi nous lui céderons la parole et nous lui laisserons exposer lui-même les résultats obtenus par la science jusqu'à ce jour :

« L'étude des appareils d'aviation et du vol des oiseaux a été l'objet de nombreux travaux et c'est dans le monde bizarre des hélicoptères, des aéroplanes et des orthoptères que nous voulons introduire aujourd'hui le lecteur.

« Les hélicoptères se soutiennent à l'aide d'hélices dont les axes diffèrent peu de la verticale. Leur translation peut être obtenue soit par ces hélices de suspension elles-mêmes, soit à l'aide d'hélices propulsives spéciales. Les aéroplanes sont des surfaces à peu près plates, inclinées d'un petit angle sur l'horizon et poussées horizontalement par des propulseurs qui sont, en général, des hélices. Enfin les orthoptères ont pour organes principaux des surfaces animées de mouvements à peu près verticaux, et alternatifs le plus souvent. C'est dans ce système que entrent les ailes des oiseaux et les surfaces à mouvements de queue de poisson. Citons encore deux systèmes anglais : les revolving aéroplanes de MM. Moy et Schil, et les roues planantes de M. J. Armour.

« Les exemples de vol mécanique sont plus nombreux qu'on ne pense : on trouve d'abord la flèche, qui vole en sifflant, la pierre plate et le disque des anciens; la fusée, qui est en en partie soutenue par l'appui que trouvent sur l'air les gaz qu'elle émet ; puis le boomerang, la curieuse arme australienne dont nous avons réussi récemment à reproduire le vol dans tous ses détails. Nous avons encore le strophéor, dont nous avons montré à un grand nombre des membres de la Société de navigation aérienne de nouvelles propriétés. Dans cette expérience, faite à Vincennes le 25 août dernier, nous l'avons vu voler horizontalement à une distance de 80 mètres, et venir ensuite, rapide comme la flèche, repasser au-dessus de son point de départ.

« Nous nous arrêterons sur les appareils à ressort, créés spécialement pour mettre en lumière le principe de l'aviation, et nous allons décrire plusieurs de ces appareil encore peu connus, qui viennent de donner, sous des formes aussi saisissantes que variées, la démonstration du vol mécanique.

« Le premier hélicoptère paraît être celui que Launoy et Bienvenu présentèrent à l'Académie en 1784. Il était formé de deux hélices superposées, tournant en sens contraire par l'effort d'un arc de baleine agissant sur une mince tige, à la manière du drille sur le foret. De cette époque jusqu'en 1863, trois autres hélicoptères paraissent encore avoir été construits; mais ils étaient oubliés de tous, lorsque MM. de Ponton d'Amécourt, de La Landelle et Nadar inventèrent et montrèrent les appareils à ressort de montre que chacun connaît, et qui montaient à 2 ou 3 mètres. Ces courageux champions du *plus lourd que l'air* eurent de nombreux imitateurs de leur hélicoptère.

« Tous ces appareils, pour la plupart coûteux, délicats, se brisant facilement en retombant, avaient un grave défaut : c'est que leur marche, qui ne durait qu'un instant, semblait plutôt un saut aérien qu'un véritable vol ; à peine étaient-ils partis, leurs hélices s'arrêtaient et ils redescendaient.

« Préoccupé, il y a quelques années, de l'insuffisance de la démonstration, je fis des recherches sur les moyens d'avoir des modèles plus satisfaisants. La force des ressorts solides était seule d'un emploi simple, mais le bois, la baleine, l'acier, ne fournissent qu'une force minime eu égard à leur poids; le caoutchouc était bien plus puissant, mais la charpente nécessaire pour résister à sa violente tension était nécessairement assez lourde. J'eus

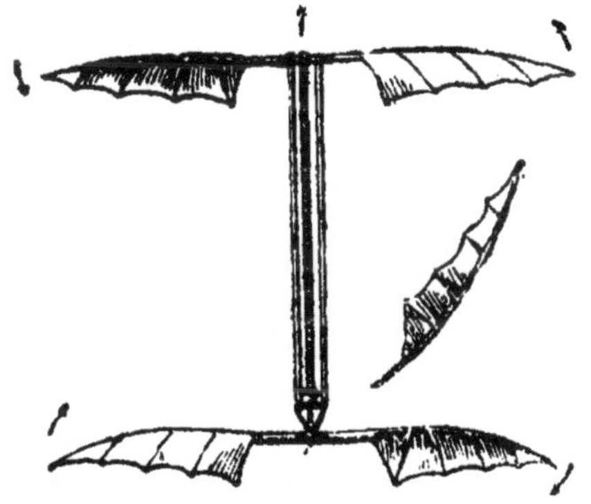

Hélicoptère Pénaud.

alors l'idée d'employer l'élasticité de torsion du caoutchouc, qui donna enfin la solution tant cherchée de la construction facile, simple et efficace des modèles volants démonstrateurs.

« J'appliquai d'abord le nouveau moteur à l'hélicoptère, et la figure ci-dessus représente l'appareil que je montrai en avril 1870 à notre vénérable doyen, M. de La Landelle. Il est extrêmement simple : ce sont toujours deux hélices superposées tournant en sens contraire ; leur distance est maintenue par de petites tiges, au milieu desquelles se trouve le caoutchouc.

« Pour mettre l'appareil en mouvement, on saisit de la main gauche l'une de ces petites tiges, et l'on fait tourner avec la main droite l'hélice inférieure dans le sens contraire à celui de la rotation utile. Lorsque la lanière de caoutchouc est ainsi tordue sur elle-même d'une façon suffisante, il ne reste plus qu'à abandonner l'appareil à lui-même; on le voit alors (selon les proportions de ses différentes parties) monter comme un trait à plus de 15 mètres, planer obliquement en décrivant de grands cercles, ou enfin, après s'être élevé de 7 à 8 mètres, voler presque sur place pendant 15 à 20 secondes, et parfois jusqu'à 26 secondes.

« Voyons maintenant ce qui a été fait en aéroplanes. Étudiés en grand au commencement du siècle par sir G. Cayley, ce grand nom qui domine l'aviation, par Henson en 1844, puis par MM. du Temple, de Louvrié, etc., ils ont été, dans ces dernières années, l'objet d'essais intéressants. M. Stringfetlow a fait, en 1868, un petit aéroplane à vapeur qui courait avec rapidité sur un fil de fer, mais sans parvenir à quitter le fil de fer. MM. du Temple et Julien obtinrent mieux, en employant le caoutchouc par tension, car leurs appareils allaient, en planant, tomber parfois à une douzaine de pas. M. Jobert faisait, de son côté, en 1869, une espèce de strophéor horizontal armé d'un plan sustenteur. Il a vu son appareil, lancé d'une fenêtre, franchir une cour de près de 15 mètres de long.

« Convaincus que le caoutchouc par torsion donnerait de bien meilleurs résultats, nous pensâmes à l'appliquer à l'aéroplane, après l'avoir appliqué à l'hélicoptère. L'événement confirma notre attente, et notre deuxième figure représente un aéroplane à peu près pareil à celui qui évolua devant la Société de navigation aérienne, au mois d'août 1871. Cet appareil, par sa translation ascendante et son équilibre parfait, donnait pour la première fois une démonstration complète du vol aérophane. Outre la question de force, il y avait ici, en effet, comme pour tous les appareils qui se meuvent horizontalement, une autre question des plus graves, l'équilibre, et c'était à ce moment, où nous n'avions pas retrouvé les travaux de Cayley, une question entièrement obscure et restée sans solution. Après quelques recherches, nous eûmes la bonne fortune d'en venir à bout, à l'aide d'études sur la chute de diverses surfaces, et surtout de charmants papillons planeurs que construisait M. Pline. — M. Pline obtient l'équilibre de ses papillons, découpés dans une feuille de papier, en les chargeant à l'avant d'un petit poids, et en leur donnant un galbe savamment compliqué. Simplement abandonnés en l'air, ils s'élancent au loin en descendant obliquement, suivant une ligne se rapprochant de l'horizontale, et réalisent à volonté les plongées et les ressources des oiseaux.

« De ces faits, interprétés par le calcul, nous arrivâmes à dégager dans sa simplicité un principe général d'équilibre, et nous fûmes conduits à l'emploi d'un petit gou-

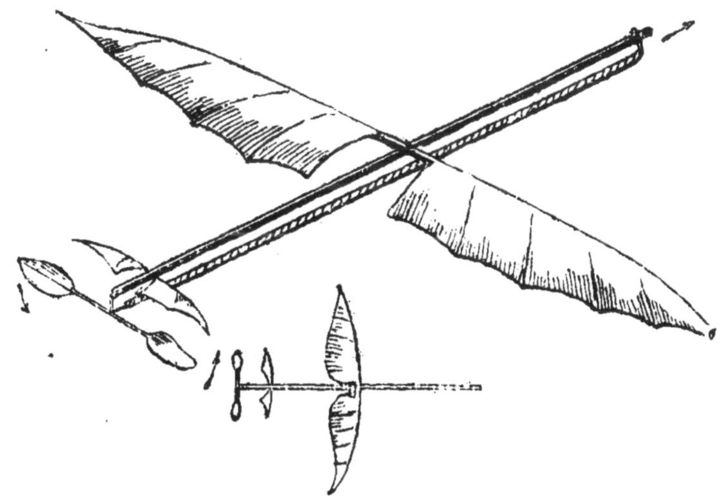

Aéroplane Pénaud.

vernail horizontal, incliné de quelques degrés vers le dessous du plan sustenteur derrière lequel il se trouve. Ce dispositif réussit, et il n'y eut plus qu'à construire le type que représente la figure ci-dessus, et dans lequel l'hélice est à l'arrière, pour qu'elle ne reçoive pas le choc de l'appareil venant heurter un obstacle.

« Après ce que nous avons dit de l'hélicoptère, le jeu de l'aéroplane est facile à comprendre. Sur la figure, on voit clairement le grand plan sustenteur incliné d'un petit angle sur l'horizon, puis le gouvernail dont le bord postérieur est légèrement relevé : et enfin l'hélice, à deux pales, actionnée par la détorsion de la lanière de caoutchouc suspendue au-dessous de la tige qui sert de colonne vertébrale à l'appareil.

« Si, après avoir tordu convenablement le caoutchouc sur lui-même, on abandonne l'appareil à lui-même dans une position horizontale, on le voit descendre un instant; puis, sa vitesse acquise, se relever et décrire d'un mouvement régulier, à 7 ou 8 pieds du sol, une course de 40 mètres environ et qui dure 11 secondes. Certains modèles ont même franchi plus de 60 mètres en se maintenant 13 secondes dans les airs, libres, comme l'oiseau, de tout lien avec le sol.

« Pendant tout ce temps, le gouvernail réprime avec une exactitude parfaite les inclinaisons ascendantes et descendantes, dès qu'elles se produisent; et l'on observe alors assez souvent des oscillations dans le vol, comme nous en voyons décrire aux passereaux et principalement au pic-vert. Enfin, lorsque le mouvement est sur sa fin, l'appareil tombe doucement à terre, suivant une ligne oblique, et restant lui-même parfaitement d'aplomb.

« Dans l'expérience de 1871, l'aéroplane parcourut plusieurs fois, avec vitesse et dans différents sens, un des ronds-points du jardin des Tuileries. Le 27 novembre dernier, il a eu le même succès, rue de Grenelle, dans la belle salle de la Société d'horticulture, au milieu d'une nombreuse assemblée.

« Notre aéroplane a déjà une petite famille : MM. Montfallet, Pétard et Crocé-Spinelli ont varié ses formes de différentes manières, avec des résultats divers.

« Passons maintenant aux oiseaux mécaniques.

« Construire un hélicoptère était relativement aisé; construire un aéroplane l'était déjà moins; mais l'oiseau mécanique offrait de sérieuses difficultés.

« Toutes les légendes que l'on trouve un peu partout sur des appareils volant avec des ailes sont, en effet, plus invraisemblables les unes que les autres, et il est clair qu'il ne suffit pas à un inventeur de déclarer qu'il a obtenu tel ou tel effet avec un appareil qu'il ne peut faire voir; or il est certain que jusqu'à ces derniers temps aucun oiseau mécanique n'avait été montré fonctionnant.

« M. Marey, dont on connaît les belles expériences physiologiques sur le vol des oiseaux, a construit en 1870 des insectes artificiels qui, attelés à un petit manége e munis d'un contre-poids égal aux deux tiers de leur propre poids, s'élevaient et tournaient en battant des ailes L'air comprimé qui les animait leur était envoyé au travers de l'axe du manége, par une pompe à air manœuvrée à la main.

« Ces insectes, que M. Marey montrait récemment encore à l'*Association scientifique de France*, constituaient en 1870 un premier pas très-intéressant; mais il restait à gagner encore les deux tiers restants du poids en perfectionnant l'action de l'aile et à faire emporter aux appareils leur moteur, au lieu de les mettre en mouvement par une force extérieure.

« En septembre 1871, M. Hureau de Villeneuve et moi, nous appliquions, chacun de notre côté, le caoutchouc tordu au problème de l'oiseau mécanique, utilisant tous deux l'habileté de M. Jobert pour la construction des pièces d'acier de nos appareils.

« Nos théories de l'aile étaient tout à fait différentes M. Hureau de Villeneuve partait de ses savantes recherches sur l'articulation scapulo-humérale de la chauve-souris, et dans son oiseau les axes de rotation des ailes étaient obliques entre eux et avec l'axe du corps. Ces ailes, à peu près rigides, étaient ainsi animées dans leur ensemble d'un mouvement conique, et leurs changements de plan étaient causés simplement par ce mouvement.

« Pour ma part, j'appliquais, dans ce qu'elle a d'essentiel, la théorie que l'on peut appeler classique, celle dont Borelli, Cayley, Strauss-Durckeim, etc., se sont faits les défenseurs, et dont M. Marey a donné dans ces dernières années de brillantes confirmations à l'aide de sa belle méthode expérimentale. J'utilisais, il est vrai, de nombreuses observations sur le vol des oiseaux et des études mathématiques que j'avais pu faire, et qui me conduisirent, en la précisant, à modifier sensiblement la théorie ordinaire.

« Dans mes ailes, les changements de plans sont obtenus par la mobilité du voile de l'aile et des petits doigts qui le supportent autour de la grande nervure, qui ne participe pas à la rotation. Un petit tenseur en caoutchouc part de l'angle intéro-postérieur de la surface de l'aile, et vient s'attacher, d'autre part, vers le milieu de la tige qui forme le bâti de l'appareil. Ce tenseur, dont la fonction est semblable à celle de la patte postérieure de la chauve-souris, joue le rôle d'écoute élastique par rapport à notre aile, qui ressemble si bien à une voile aurique. Les torsions et les changements de plans de cette aile se trouvent ainsi réglés par l'action combinée de la pression de l'air et de ce ressort de rappel.

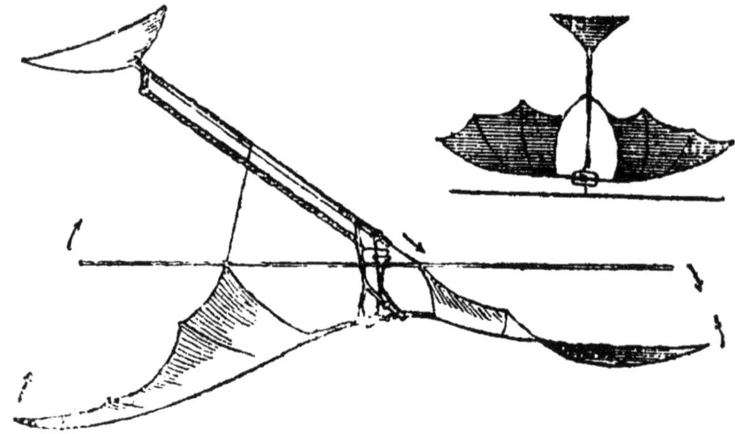

Oiseau mécanique Pénaud.

« La figure montre les ailes en train de s'abaisser : le tiers interne de l'aile est vu par sa face supérieure et fait cerf-volant. Les deux tiers externes, correspondant à la rame et aux remiges des oiseaux, sont vus par leur face inférieure, et propulsent en même temps qu'ils soutiennent.

« Mais arrêtons ici, malgré leur importance, ces détails abstraits et techniques, et parlons des résultats. Les deux appareils furent présentés ensemble, le 20 juin 1872, à la Société de navigation aérienne. L'oiseau de notre collègue avait une remarquable puissance de coup d'aile ; à chaque battement, on voyait son corps se soulever avec force. Malheureusement, ces battements étaient très-peu nombreux, et, arrivé dans son mouvement vertical à 1 mètre environ, l'oiseau redescendait en faisant parachute.

« Mon oiseau ne pouvait pas partir verticalement, mais il se transportait horizontalement avec rapidité, et s'élevait même suivant des rampes de 15 à 20 degrés. Nous avions enfin le plaisir de voir un oiseau mécanique se mouvant librement dans les airs, sur un espace de 12 à 15 mètres, et parvenant à une hauteur de 2 mètres environ au point le plus haut de sa course.

« Ce premier modèle était parfois irrégulier, et le mécanisme fatiguait beaucoup. Pour remédier à ces graves inconvénients, je fus conduit à l'emploi d'un léger volant. Muni de ce nouvel organe, mon oiseau peut être construit avec beaucoup moins de soin, et donne des résultats plus constants. Voici, d'après l'intéressant journal *l'Aéronaute*, comment il s'est comporté le 27 novembre 1874. « Après s'être abaissé de 50 centimètres pendant qu'il pre- « nait sa vitesse à l'aide de battements d'ailes vigoureux, « l'oiseau de M. Pénaud se meut horizontalement, d'un vol « rapide et facile, jusqu'à une distance de 9 mètres. « Parvenu ainsi au milieu de la salle, il s'élève par une « courbe à 5 mètres environ au-dessus du niveau de son « point de départ, en perdant peu à peu sa vitesse de transla- « tion. Après être resté un instant suspendu dans les airs à « la même place, il redescend, reprend sa course et se relève « de nouveau un peu plus loin. De ce second point culmi- « nant, l'oiseau, dont les battements commencent à se ra- « lentir, vole légèrement, en s'éloignant toujours de son « point de départ, jusqu'à venir se poser doucement sur « les spectateurs assis au fond de la salle. Ce vol avait « duré 7 secondes environ.

« Les oiseaux à caoutchouc ont fait fortune : MM. Gau- « chot et Tatin en ont construit récemment, qui sont des « merveilles de mécanisme, et qui ont donné les résultats

« les plus remarquables. M. Hureau de Villeneuve, après « avoir fait, en 1873, un modèle plus grand de son appa- « reil, a perfectionné son premier type au mois de décembre « dernier. Nous avons vu son oiseau perfectionné, animé « d'une toute légère impulsion, aller frapper un mur avec « force, après une course horizontale de 7 mètres environ ; « M. de Villeneuve évaluait sa vitesse de translation à « 9 mètres par seconde. M. Jobert a aussi imaginé récem- « ment un mouvement d'ailes très-ingénieux, etc. »

« Tel est l'état de la question : après ces modèles à ressort vont venir, peut-être bientôt, des modèles à vapeur. Mais pour passer de ces derniers aux grands appareils emportant des voyageurs, il y a d'immenses difficultés à vaincre. Les hélicoptères et les oiseaux mécaniques paraissent même tout à fait impossibles à réaliser en grand. A notre avis, les aéroplanes donnent seuls de l'espérance ; toutefois nous pensons que de longues années nous séparent encore de la réalisation de l'aviation, bien que le principe en soit démontré vrai dès aujourd'hui.

« Il n'en est pas de même de la direction des ballons. Selon nous, on fera, lorsqu'on le voudra, des ballons dirigeables, utilisables pour les voyages de découvertes et le transport des voyageurs et des objets précieux, en leur donnant un volume supérieur à 100 000 mètres cubes, une forme en fuseau, un moteur thermique et des hélices. La voie est déjà tracée par les grands et magnifiques travaux que M. Giffard poursuit depuis plus de vingt ans et qui ont été déjà fort utiles à M. Dupuy de Lôme dans la construction de l'aérostat si remarquable dans son ensemble et ses détails que cet éminent ingénieur a essayé, en 1872, avec un plein succès de ses prévisions. Les énormes dimensions que nous venons d'indiquer sont nécessaires pour obtenir la vitesse de 12 à 15 mètres par seconde, sans laquelle ce mode de locomotion serait inutile et souvent impossible, et pour pouvoir résister d'une façon continue aux intempéries de toute nature. Mais on pourra faire la démonstration de la possibilité de la direction avec des ballons d'un cube incomparablement moindre (tel que 1 000 à 3 000 mètres). Ces petits ballons, bien qu'incapables de rester en l'air plusieurs jours de suite, et d'atteindre la même rapidité de marche que les gros, pourront cependant obtenir, pendant plusieurs heures, une vitesse de 6 à 8 mètres (qui correspond encore par les vents les plus défavorables à une déviation importante), et devenir immédiatement applicables à l'art militaire et aux recherches scientifiques [1]. »

On voit que M. Pénaud, un des savants les plus compétents sur le *plus lourd que l'air*, reconnaît les inmenses difficultés du problème de l'aviation pratique.

Tandis que les resources actuelles de la science peuvent assurer la construction d'un aérostat dirigeable, elles sont insuffisantes pour permettre de concevoir un appareil de vol mécanique assez puissant pour enlever un homme.

1. Extrait du journal *la Nature*.

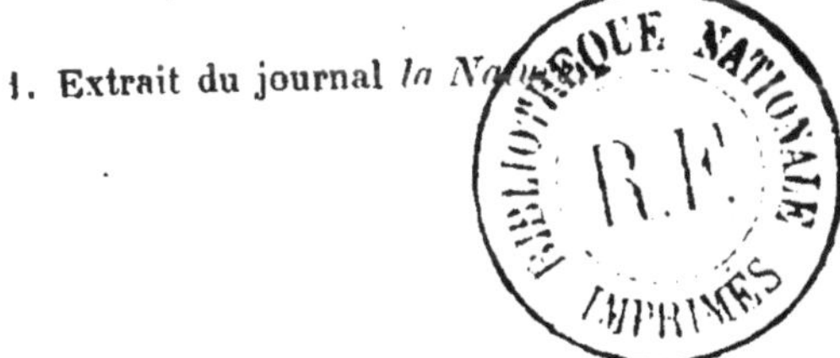

TABLE DES MATIÈRES

Pages

FIN DE LA TABLE